Christiane de Nicolay-Mazery
Bernard Touillon

Gelebte Tradition

Familiensitze in Frankreich

Aus dem Französischen
von Eva Plorin

Gerstenberg Verlag

EINLEITUNG

Ich möchte Sie einladen, mit mir gemeinsam Familiensitzen in den verschiedensten Gegenden Frankreichs einen Besuch abzustatten. Häusern, denen der Lauf der Zeit nichts anhaben kann, da sie nicht nur von den jetzigen Besitzern bewohnt werden, sondern auch auf einem Fundament ruhen, das aus der vielschichtigen und gewachsenen Vergangenheit früherer Generationen besteht.

Auf Schritt und Tritt geben liebenswerte Details Hinweise auf die einstigen Hausherren: Ein Geruch oder ein Geräusch, ein Stückchen Stoff oder eine alte Fotografie lässt mit einem Mal die Vergangenheit wieder aufleben. Sie wohnt in den etwas verblichenen Zimmern und den großen, langen Korridoren, den Schränken mit den Vorhängen und den Spielzeugkisten oder in den Koffern mit Kleidern, den vollen Wäscheschränken und in den vielen alten Fotografien, verschlissenen Stoffen und verblassten Tapeten. Das bunte Sammelsurium in den Rumpelkammern zeugt von der Fotografierleidenschaft eines Ahnen in den 1860er Jahren und der Freude an der Archäologie eines Vorfahren aus den 1930er Jahren, von der Begeisterung für die Zucht von Rennpferden oder für weite Reisen. Jeder hinterlässt in dem geliebten Haus Spuren, die Antworten sind auf Fragen, die die Nachfahren sich stellen. Was war ihr Lebensinhalt? Was haben sie geliebt? Haben sie ihre Träume verwirklicht?

Die Erinnerungen schenken der heutigen Generation Mut, Liebe und auch Träume. »Und dennoch durfte ich entdecken, wie reich an Träumen ich war. Sie kamen zu mir, lautlos wie das Wasser einer Quelle, sodass ich mir zuerst das Glücksgefühl nicht zu deuten wusste, das mich durchdrang. Keine Stimme war zu hören, keine Gestalt zu sehen, und doch fühlte ich, dass etwas bei mir war, eine nahe und schon fast erkannte Freundschaft. Plötzlich wusste ich, was es war, und gab mich mit geschlossenen Augen dem Zauber meiner Erinnerungen hin«, schrieb Antoine de Saint-Exupéry in *Wind, Sand und Sterne*.

Ein Haus hat eine Seele und es liegt an uns, ob wir ihm zuhören und die Geschichten erfahren, die es erlebt hat, und ob wir uns von seinen geheimen Schätzen bereichern lassen.

Doch nun sollten wir den Häusern und ihren Bewohnern das Wort erteilen, sie aus ihrer Vergangenheit erzählen lassen und hoffen, dass wir an ihren Geheimnissen teilhaben dürfen.

Christiane de Nicolay-Mazery

Saint-Marcel-de-Félines

Schloss Saint-Marcel-de-Félines

AUF SCHMALEN, KURVENREICHEN STRASSEN FAHREN WIR DURCH DIE MONTS DU FOREZ IM FRANZÖSISCHEN ZENTRALMASSIV. NACH LINKS UND RECHTS ZWEIGEN HOHLWEGE AB, HIE UND DA ERBLICKEN WIR EINE FRIEDLICH GRASENDE SCHAFHERDE UND SCHLIESSLICH ERREICHEN WIR DAS ALTE DÖRFCHEN SAINT-MARCEL-DE-FÉLINES UND SEIN SCHLOSS MIT DEN ERHABENEN TÜRMEN UND DEM TIEFEN WASSERGRABEN – EINE ART FESTUNG VON MÄCHTIGER, SCHNÖRKELLOSER ARCHITEKTUR. DOCH ZU UNSERER GROSSEN ÜBERRASCHUNG SCHÜTZT DIE ABWEISENDE UND SCHROFFE FASSADE INTERIEURS VON ERLESENER SCHÖNHEIT. BEREITS IM JAHRE 1606 BEZEICHNETE GRAF ANNE D'URFÉ DIESES VERBORGEN LIEGENDE ANWESEN ALS »DAS SCHÖNE HAUS IN DEN HÜGELN«. WIR STOSSEN DIE GEWALTIGE EICHENTÜR MIT DER JAHRESZAHL 1587 AUF UND BETRETEN DEN PATIO, DESSEN PFLASTER IN DER MITTE EIN RIESIGES GEZEICHNETES HERZ ZIERT, MIT ARKADEN UND EINEM ALTEN BRUNNEN.

Links
Ein Kinderbild von »Tante Mimi«, der späteren Gräfin des Garets, von der Mary-Ange und Daniel Hurstel Schloss Saint-Marcel-de-Félines erbten.

Das Schloss Saint-Marcel existiert bereits seit dem 11. Jahrhundert. Die ersten historisch belegten Besitzer waren Gaston und Albert de Saint-Marcel im Jahre 1095, deren Nachfahren für achthundert Jahre, bis 1865, das Schloss bewohnen sollten.

Im 15. Jahrhundert ist das Anwesen im Besitz von Jacques de Thorigny, dem Kammerherrn König Ludwigs XI. Zwischen 1580 und 1606 lässt dann Jean de Talaru, Marquis de Chalmazel, die Festung seiner Ahnen in ein Renaissance-Schloss umgestalten: Der Innenhof wird geschaffen, die Kolonnaden sowie die überdachte Galerie. Doch erst der Großneffe Claude de Talaru, Marquis de Chalmazel, und seine Frau geben die anmutigen Wandmalereien in Auftrag, die zwischen 1660 und 1691 ausgeführt werden.

Bereits der erste Raum, den wir betreten, ist atemberaubend. Das Dekor des Jeanne-d'Arc-Salons aus

Links
Hoch oben im Turm befindet sich das Archiv des Schlosses.

Rankenornamenten, Blüten, Landschaften sowie Tulpen- und Rosengirlanden in den Farben Graugrün, Seladon und Weiß schufen italienische Künstler im 17. Jahrhundert: Wände, Decke, Fensterläden und die Leibungen der Fenster sind mit Ton-in-Ton-Malereien in Trompe-l'Œil-Technik verziert.

Im Esszimmer, dem einstigen großen Saal, bildet eine in Goldtönen gehaltene Holzverkleidung den Rahmen für eine Reihe großer Tafelgemälde mit Landschaftsmotiven und eine Reihe kleinerer Tafeln, die Blumen- oder Fruchtkörbe auf Orientteppichen zeigen. Die Piazza Navona und die Engelsburg reihen sich ein in die Darstellung eines Affen, der Pflaumen stibitzt, oder eines etwas ungeschickten Meerschweinchens neben einem zerbrochenen, mit Himbeeren gefüllten Gefäß. Etwas weiter fällt der Blick auf Orpheus, der mit seiner bezaubernden Musik Hirsche, Pferde, Pfauen, Giraffen und andere Geschöpfe in den Bann schlägt.

Der angrenzende, sonnendurchflutete Salon mit seinem bernsteinfarbenen Schimmer war einst das Schlafzimmer der Marquise de Chalmazel. Die »rosenfingrige« Aurora in dem gemalten Medaillon über dem Fenster scheint uns wohlwollend zu empfangen. Die Wände zieren burleske Szenen aus Ovids *Metamorphosen*. Das Himmelbett der Hausherrin wird in einem Inventar aus dem Jahre 1691 wie folgt beschrieben: »Bett mit gedrehten Säulen auf einem erhöhten Holzpodest mit einer Decke aus weißem Wollstoff und einer weiteren aus Marseiller Baumwollpikee, verziert mit englischer Spitze; Vorhänge und Rükkenlehne mit Gold und Silber besetzt, goldene und silberne Krepeline, der Überwurf des Bettes aus rotem Serge.«

Durch eine versteckte Tür gelangt man vom Schlafzimmer der Marquise in ihr kleines persönliches Gemach mit Kamin. In dieses hübsche, verborgene Nebenzimmer – ihrem so genannten *chauffe-pieds*, ihrem Fußwärmer – konnte sie sich zurückziehen, um sich von der Kälte, der Welt und dem Lärm zu erholen. Das Dekor des Raumes bestimmen auf den besonderen Wunsch der Marquise ihre Lieblingsmotive: Tulpen, Rosen, Nelken sowie Akeleien, Winden und Flieder, Geißblatt und Mohnblüten – prächtige Blumenarrangements in Vasen aus chinesischem Porzellan erstrahlen in leuchtenden Farben auf schwarzem Grund. Eingerahmt werden die Malereien von graublauen und goldenen Holztäfelungen. Die Decke ist in Trompe-l'Œil-Technik gestaltet und die untere hölzerne Wandverkleidung ist mit gemalten leeren Vasen, ebenfalls auf schwarzem Hintergrund, ausgeschmückt.

Über dem zierlichen Kamin, der von zwei schmalen, vergitterten Bücherregalen eingefasst ist, prangt ein großes, ovales

Links
Detailaufnahme eines alten Etiketts an einem der Schubfächer im Archiv.

Rechts
Mit rotem Samt bespannte Rahmen: Marie-Josèphe du Tremblay, Mary-Anges Großmutter, umarmt ihre Schwester Alix. Jacques Le Moyne de Martigny, Mary-Anges Vater, trägt seinen Sohn Jean-Baptiste auf dem Arm.

Porträt. Marie-Louise de Chalmazel konnte es sich hier auf einem »Ruhebett aus vergoldetem Holz, bezogen mit blau-weißem Damast und verziert mit einer silbernen Fransenborte« bequem machen.

Eine gläserne Flügeltür führt von diesem Gemach in das Musikzimmer. Durch die Originalscheiben der Tür fällt schummriges und geheimnisvolles Abendlicht. Dies war das so genannte *chambre de la Bize,* das Sonnenuntergangszimmer. Hier findet man keinen Kamin, stattdessen großformatige Porträts der vier Maitressen von Ludwig XIV. Mit Perlenketten geschmückt und in kostbare Seiden- und Brokatgewänder gehüllt, scheinen Marquise de Montespan, Ève de La Vallière, Belle de Ludre und Mademoiselle de Fontanges unsere Schritte mit ihren Augen zu verfolgen.

Die Räume im ersten Stock sind weitläufig und still; durch die großen Fenster kann man den Blick über die liebliche Landschaft mit ihren Hügeln, Hohlwegen, Wiesen und Schafherden schweifen lassen – Raffinesse gepaart mit Schlichtheit. Saint-Marcel-de-Félines lebt durch Kontraste: das matte Grau der Wände und die leuchtende Farbenpracht der Blumen, das schroffe, trutzige Mauerwerk und das zarte, bemalte Porzellan. Vor dem Schloss atmet man die klare Luft ein und genießt die ländliche Atmosphäre. Im Inneren dagegen nimmt einen das höfische Ambiente gefangen, das geprägt ist von der Präsenz einer Dame, die regelmäßig in Versailles weilte. Schließlich gehörte ihr Mann, der Marquis de Chalmazel, zum Befehlsstab der Armee Ludwigs XIV. Der Herzog de Saint-Simon beschrieb den Marquis in seinen Schriften als die Sanftmut und Tugend in Person. Sein Enkel war übrigens der erste Haushofmeister von Maria Leszczyńska, der Tochter des polnischen Königs Stanislaus I., die 1725 mit Ludwig XV. verheiratet wurde.

Im Jahre 1865 erwarb Baron Piston de Saint Cyr das Anwesen, ein Vorfahre der heutigen Besitzer Mary-Ange und Daniel Hurstel. Ihre Tante, die Gräfin des

Rechts oben
Das private Gemach der Marquise de Chalmazel, ihr so genannter »Fußwärmer«. Vor dem kleinen Kamin wurden hübsche Fliesen aus Delft verlegt.

Rechts
Auf diesen Fotos sieht man Anne Le Moyne de Martigny und ihre Tochter Mary-Ange sowie »Tante Mimi« in ihrem Auto.

Garets, hinterließ den beiden den schönen Familiensitz, der noch heute deutlich ihre Handschrift trägt. Die Gräfin, die lange Jahre Bürgermeisterin des Dorfes war, liebte das Schloss über alles und bemühte sich, es mit ihrem Geist zu erfüllen. Mary-Ange und Daniel Hurstel sind dem Charme der alten Interieurs erlegen, begeistern sich aber auch für zeitgenössische Kunst und lassen nun behutsam das 21. Jahrhundert in dem geschichtsträchtigen Anwesen Einzug halten. Sie kombinieren ohne Scheu die ehrwürdigen Dekors mit purpur- oder sienafarben getünchten Wänden und sie beleben die alten Mauern mit modernen Fotografien und Gemälden, denn ihr Zuhause soll sich mit ihnen weiterentwickeln – auch sie möchten auf dem Anwesen ihre Spuren hinterlassen. Auf eine Atmosphäre der Offenheit legen Mary-Ange und ihr Mann großen Wert. Sie mögen es, wenn man sich auf dem Hof wie auf einem Dorfplatz fühlt, wo man sich während des Tages immer wieder über den Weg läuft und für einen Plausch innehält, wo jeder für sich sein kann und doch ein Gefühl der Gemeinsamkeit herrscht. Und noch etwas ist ihnen wichtig: »Wir betonen den südlichen Charakter mit Zypressen und Lavendel, mit warmen Farben aus Naturpigmenten für die Wände. Wir lassen die Sonne herein.« Mit Freude folgen wir Mary-Ange auf den Dachboden und erkunden die vielschichtige Vergangenheit. Die einstigen Bewohner des Schlosses nehmen Gestalt an. Sie begegnen uns in Form von Heften, Briefen, Lieblingsstücken, Geigenkästen, Wäsche, Bändern und Hüten … Viele der einstigen Hausherrn von Saint-Marcel sind in der kleinen Kapelle inmitten der Wiesen und Felder beigesetzt. Doch ihre Anwesenheit ist spürbar, die Grenzen zwischen gestern und heute verwischen und ein Gefühl der Zuneigung und des Respekts für sie erfüllt uns.

Die Abendsonne fällt durch die zarten Scheiben der Glastür und wirft einen sanften Schimmer auf die Wandgemälde des Musikzimmers, das von der Marquise de Chalmazel um 1660 entworfen wurde (S. 13, 15). *Für ihr persönliches Gemach wählte sie ein herrliches Dekor mit Blumen gefüllten chinesischen Vasen auf schwarzem Grund aus, umrahmt von einer zartblauen Holzvertäfelung* (S. 26). *Ihr Mann Claude de Talaru, Marquis de Chalmazel, bevorzugte für seine Räumlichkeiten Landschaftsmotive, Rankenornamente sowie Girlanden aus Blüten und Früchten in Graugrün-, Seladon- und Weißschattierungen* (S. 13, 15–17). *Das mit eisblauer Seide bespannte Mobiliar aus der Zeit Ludwigs XVI. im großen Salon harmoniert wunderbar mit den goldbraunen Tönen der Wandgemälde, die Szenen aus Ovids* Metamorphosen *zeigen* (S. 20/21). *In der riesigen Gewölbeküche beeindrucken die Kupferwaren und die Fayencen mit dem Familienwappen aus der Manufaktur in Gien. In der Mitte des alten Tisches steht ein üppiger Strauß Rhabarberblätter* (S. 22). *Hoch oben in einem der beiden Türme ist das Archivzimmer. Hier beherbergten einst die Schubfächer mit den altmodischen Etiketten die gesamte Geschichte des »schönen Hauses in den Hügeln«* (S. 10). *Im zweiten Turm befindet sich die ruhige, in Blau gehaltene Bibliothek* (S. 24/25).

Aramis

Im Herzen des Périgord – die Kartause Aramis

Im Herzen des Périgord, im Land des Cyrano de Bergerac und der *Drei Musketiere*, finden wir uns in einer herrlichen Landschaft mit einer reichen Vergangenheit wieder. Die Bäume heben sich kahl und dunkel vor dem Himmel ab, die Rosenstöcke und Pfingstrosen schlummern noch im Winterschlaf, und doch erahnt man, dass diese Landschaft im Sommer einen strahlenden Anblick bieten muss. Es ist noch früh am Morgen. Das Haus erhebt sich aus seinem dunstigen Bett und eine schüchterne Februarsonne streift mit ihren Strahlen die alten Ziegeldächer. Die zartrosa Mauern und die lavendelfarbenen Fensterläden werden klarer im Morgennebel sichtbar: eine zauberhafte Kartause aus dem 17. Jahrhundert präsentiert sich unseren Blicken.

Links
Der Regent, Philippe von Orléans, der nur halb durch die Glastür des Musikzimmers zu sehen ist, scheint sich unseren Blicken entziehen zu wollen.

In Südwestfrankreich haben *chartreuses* (Kartausen) keineswegs immer einen klösterlichen Ursprung, sondern sie erinnern oft an Jagdhütten oder rustikale Landsitze. Es sind Häuser der Lebensfreude, in denen man Raum und Zeit hat für Träume, üppige Mahlzeiten, gute Gespräche und Erinnerungen. Man findet sie eher am Hang als in einem Tal gelegen, umgeben von Weinbergen, Obstwiesen, eingefriedeten Gärten und Terrassen. In den Kartausen wird Lebenskunst zelebriert, sie stehen für die einfachen und erlesenen Freuden. Nach dem Vorbild einer lombardischen Landvilla besteht diese ebenerdige, offene Kartause mit den angrenzenden Pavillons aus einer Enfilade ineinander übergehender Räume. Der Hausherr Bernard, dessen Familie seit vierhundert Jahren im Périgord lebt, beschloss vor einigen Jahren, Farbe in das alte Gemäuer zu bringen. Vor allem Gelb hatte es ihm angetan: Inmitten der Kälte lässt die Sonnenfarbe den Damast der Stühle im großen Salon ebenso erstrahlen wie den Korridor im ersten Stock, die Schlaf- und Badezimmer für Gäste und die Schränke des Esszimmers – das leuchtende Gelb verbreitet Wärme, Energie und Lebensfreude. Auch Grün und

Pflaumenblau fanden großzügig Verwendung, sowohl im großen Arbeitszimmer mit Bibliothek unter dem Dach als auch in dem Badezimmer mit Vogelmotiven, auf der Badewanne oder dem Waschbecken. Subtilere, nostalgischere Töne sind Parmaveilchen, Malve, Aubergine, Rehbeige und Taubengrau. Bei der Renovierung des alten Wohnsitzes wollte er sämtliche Farben und Gerüche seiner Kindheit im Périgord vereinen.

Rechts
Drei Generationen von Frauen im gelben Zimmer.

Unten
Ein schönes Detail: die kunstvolle Lehne eines italienischen Stuhls im Badezimmer.

Gemeinsam mit seinem Bruder machte Bernard sich als kleiner Junge allmorgendlich in der schwarzen Kittelschürze auf den Weg zur Schule und berauschte sich an der Schönheit der Felder mit den Sonnenblumen und malvenfarbenen Zinnien, bevor er die mit Baldrian überwucherten Mauern am Eingang des Dorfes erreichte. Die jungen Helden, die einem Roman von Jean Giono alle Ehre gemacht hätten, lebten ihre Abenteuerlust in der Natur aus. Mit einer Flasche Anis als Köder lockten sie schwarze Krebse, von denen es in den kleinen, von Weiden gesäumten Bächen nur so wimmelte, in ihre Netze. Voll Bewunderung begleiteten sie einen »Großen« in die Luzernenfelder, der dort mit einem Wurfnetz Lerchen jagte, und mit vor Angst etwas wackeligen Knien machten die beiden auf dem Heimweg von der Schule bei der Dorfschmiede Halt. Wenn der mürrische und rußige Hufschmied dann ein riesiges Pferd ankettete und sich ringsherum der durchdringende Geruch von verbranntem Horn ausbreitete, glaubten sie es mit dem Teufel zu tun zu haben und in die Schmiede des Vulcanus geraten zu sein.

Sie streiften auch gerne durch die Hügel, lauerten Schleiereulen, Grünspechten und Geistern auf. Doch am meisten faszinierten die Jungen der ständig wechselnde Anblick des Himmels über dem Périgord, die sternenklaren Sommernächte und die Septembernebel über dem Fluss, in denen sich nur noch die Umrisse der Bäume abzeichneten, deren Zauber sich aber tief in ihr Gedächtnis einprägte. Diese Kindheitserinnerungen wollte der Hausherr in der Gestaltung der Kartause zum Ausdruck bringen.

Bernard ist Witwer und hat lange Jahre im Ausland gearbeitet. Jetzt möchte er sich vorwiegend dem Familienbesitz widmen und sich Zeit für seine beiden Enkel Antonin und Clémence nehmen, in die er vernarrt ist. Er will ihnen so viel wie möglich mitgeben, ihnen den Kreislauf des Lebens und der Jahreszeiten erklären, ihnen vom Frühling und dem Duft der blühenden Akazien erzählen, von den Bienen, die in den Linden summen, vom Sommer und den Sonnenblumen, die ihre Köpfe nach der Sonne drehen, und der Heuernte, dem Herbst mit seiner Farbenpracht … Bernard erzählt den Enkeln von »seinem« Périgord, von Landschaften und Bäumen, alten Sagen und der Musik an Sommerabenden. Überall im Haus stößt man auf Tierfiguren, Bilder und Bücher, die dazu gedacht sind, die Kinder zu verzaubern. Auf den Balken im Treppenhaus sitzen Eichhörnchen und auf den Tischen Hasen und Frösche. Auf einem Stuhl in der Bibliothek thront ein Fuchs in Jagdkleidung und wir finden Schnecken, Rebhühner und Haubentaucher. Zu jedem großen Fest des Jahres gehören ganz bestimmte Attribute, ein immer wiederkehrendes Dekor: An Weihnachten werden die sizilianischen Schäfer aufgestellt, zu Ostern wird ein »Osterbaum« aus

keit. Unsere Unterhaltung führt uns von Birma zu Anton Tschechow, von Alexander Puschkin zu Carlo Goldoni, von James Joyce zu William Faulkner, dann von Japan nach New York. Er steht plötzlich auf, um uns an der Wand des Wohnzimmers seine geliebten Schafe von Henry Moore zu zeigen oder weil er dringend eine angelsächsische Biografie, ein Botanikbuch oder ein Werk zur Gartenbaukunst aus der Bibliothek nebenan holen muss. Und immer wieder vertieft er sich in die Schriften seiner engsten Freunde – Louis Aragon, Jorge Luis Borges, Marcel Proust, Colette –, liest uns einige Seiten vor, die ihn ins Sinnieren bringen. Zärtlichkeit schwingt mit, wenn er Aussprüche seiner Enkel Antonin und Clémence zitiert oder auch sarkastische Bemerkungen seiner Freundinnen, geistreicher englischer Ladys, die im Périgord ansässig sind. An diesem Winterabend, als es dämmert und der Himmel eine blasse Farbe annimmt, weht ein leichter,

Links
Für jede Jahreszeit gibt es das passende Porzellan: Im Mai das Service mit den Kirschen »Cerises de Montmorency«, im Sommer das Service »Sonnenblumen«, im Herbst »Bestiaire«. Nur zu Weihnachten wird der Tisch mit dem graugoldenen Porzellan aus der einstigen königlichen Manufacture du Comte d'Artois in Limoges gedeckt.

Oben
Der Haubentaucher auf dem Tisch ist eine Fayence aus Bassano del Grappa.

blühendem Weißdorn mit kleinen russischen Glocken geschmückt und zum Lindenblütenfest im Sommer darf die weiße Leinendecke auf dem Tisch nicht fehlen.

In einem Haus, das wie dieses seit jeher im Familienbesitz ist, in dem sich Dinge, Erinnerungsstücke, tausend Kleinigkeiten angesammelt haben, kann jede nachfolgende Generation in Erinnerungen eintauchen. Die Schriftstellerin Colette setzte die glückliche Atmosphäre eines Zuhauses mit der Kindheit gleich, mit dem Lebensabschnitt, den sie als das Alter der Fröhlichkeit, Begeisterung und Neugier beschreibt.

Bernard ist ein richtiger Märchenerzähler, seine Neugier und seine Freude am Lesen sind unerschöpflich und ebenso genießt er es, ohne Unterlass von allem, was er liebt, zu sprechen. In diesen Gesprächen vollführen die Jahrhunderte Bocksprünge, ferne Länder und die Erzählungen von Schriftstellern mischen sich in einem sehr persönlichen Universum voller Heiter-

kalter Wind und Bernard hat draußen in der Nähe der Bienenkörbe mit vertrockneten Brombeerranken ein kräftiges Feuer entfacht. Die Landschaft um uns erscheint malvengrau und wir wärmen uns an den Flammen. Über den großen Kiefern fliegt eine Schar Wildgänse in perfekter V-Formation in den Sonnenuntergang.

Die Dunkelheit senkt sich nieder und wir machen es uns an dem großen Kamin im Wohnzimmer bequem, der eine behagliche Wärme verbreitet. Auf dem steinernen Kaminsims steht ein zarter Strauß aus Christrosen und Narzissen neben drei Nestern, die uns vom Frühling oder einem schattigen Sommertag träumen lassen. Zwei altmodische Kinderfiguren scheinen uns verschmitzt zu beobachten. Bernard gab diesen beiden stillen Begleitern als Hommage an Ingmar Bergman die Namen Fanny und Alexandre.

Wir verabschieden uns und die Kartause entschwindet in das Reich der Erinnerungen. *Et in Arcadia ego …*

The Renaissance Garden in England
Chaucer and his world
THE ROMANTIC EGOISTS
L'ERMITAGE
定本日本料理 名物
定本日本料理 会席春夏
定本日本料理 様式
定本日本料理 会席秋冬
Chine
MASER
gisèle freund
VICTORIAN PAINTERS
HENRY FUSELI
Arts et cultures de Bretagne
PRAGA
A PALACE FOR A KING
DOVES AND DOVECOTES
The Englishwoman's Garden
VARIATIONS ON A GARDEN
TIBOR HUSZAR
PORTRAITS

In der Nähe der dreihundert Jahre alten Linden erwacht die Kartause aus dem 17. Jahrhundert im Dunst des frühen Morgens und zeigt uns ihr schroffes und doch reizvolles Gemäuer (S. 28/29, 31).
Im Inneren erwartet uns eine unbeschwerte und sonnige Welt. Der Regent, Philippe von Orléans mit einer beeindruckend aufgetürmten Perücke (S. 30), betrachtet durch eine altmodische Glastür das Familienleben, die Kinderfiguren, die Fayencen aus Bassano del Grappa, den grauen Kater Lutin, Noisette, den Cairn Terrier und den Stofffuchs, der einen Bücherstapel bewacht (S. 32–35, 38–40). Unter dem Dach bevölkern die Vögel des amerikanischen Naturalisten Mark Catesby das Zimmer von Hélène, das ganz in Seladon und Nilgrün gehalten ist.
Im gelben Salon mit den Teppichen aus englischem Rohr findet sich die Hausgemeinschaft in fröhlicher Runde zusammen (S. 36/37). Am Abend färbt sich die westliche Fassade der Kartause im Licht der untergehenden Sonne rosa. Der Esstisch mit den erlesenen Directoire-Stühlen wird für das Abendessen gedeckt (S. 42). Die Teller der Kinder zieren Darstellungen der Fabeln von Jean de La Fontaine, für die Erwachsenen wird das Wedgwood-Service mit dem Froschmotiv von Katharina II. gewählt (S. 41). Der Wintertag geht zu Ende und neue Pläne werden geschmiedet, beispielsweise für das Musikzimmer mit dem beeindruckenden freiliegenden Gebälk (S. 49).
Versunken in die Holzschnitte vom Sieg Kaiser Maximilians von Österreich, geschaffen von Hans Burckmair, dem großen Graveur des 16. Jahrhunderts, gerät der Hausherr ins Träumen (S. 48).

Die Familie Le Manach und die Pracht der Seide

DIE SEIDE IST EIN GEHEIMNISVOLLES GEWEBE, UM DESSEN URSPRUNG SICH EINE REIZENDE SAGE RANKT: IM JAHRE 2600 V. CHR. SITZT EINE CHINESISCHE KAISERIN IM SCHATTEN EINES MAULBEERBAUMES UND TRINKT TEE. PLÖTZLICH FÄLLT AUS DEM BLATTWERK EIN KOKON GENAU IN IHRE TASSE. SIE FISCHT DIE KLEINE KUGEL HERAUS UND WÄHREND SIE MIT IHR SPIELT, LÖST SICH EIN UNGLAUBLICH FEINER, WEICHER FADEN DARAUS. DOCH SO SEHR SICH DIE KAISERIN AUCH BEMÜHT, IHN AUFZUWICKELN, ER SCHEINT KEIN ENDE ZU NEHMEN. EIN KOKON KANN EINEN BIS ZU 800 METER LANGEN FADEN ERGEBEN! DIE CHINESEN HABEN DAS KOSTBARE GEHEIMNIS DER SEIDENPRODUKTION JAHRHUNDERTE LANG BEWAHRT.

Im Jahre 53 v. Chr. bekamen die Römer das erste Mal chinesische Seide zu sehen, als parthische Reiter vor ihren ungläubigen Augen herrliche, farbenprächtige Fahnen ausrollten. Kaiser Justinian der Große sollte der Erste sein, der beschloss, einen Weg zu finden, diesen Stoff, der Gold wert war, herzustellen. Mönche erboten sich, nach Zentralasien zu reisen, um das Geheimnis zu lüften. Sie brachten – sorgfältig in ihren Pilgerstäben verborgen – Eier der

Seidenraupe zurück, die sie respektvoll »Seidenkörner« nannten. Im 8. Jahrhundert führten die Mauren die ersten prunkvollen Stoffe nach Spanien ein, und seit dem 9. Jahrhundert stellte man in Valencia, Toledo, Granada und Sevilla Seide her.

Zwischen dem 8. und dem 15. Jahrhundert wurden in Venedig und Florenz wahre Meisterwerke aus Seide geschaffen. Im Frankreich des 15. Jahrhunderts war Lyon das Zentrum des Seidenhandels. Eine entscheidende Jahreszahl ist 1498, als der portugiesische Seefahrer Vasco da Gama den Seeweg nach Indien entdeckte. Bis zu diesem Zeitpunkt hatten die arabischen Händler eine Monopolstellung im Handel mit Indien: Die Seide wurde von Karawanen zu den Mittelmeerhäfen und dann mit venezianischen Schiffen ins Abendland gebracht.

In Tours verbirgt sich hinter einem Tor mit der Jahreszahl 1756 ein Innenhof mit einer alten Linde. Seit dem Jahre 1829 ist hier die Manufaktur der Familie Le Manach zu Hause. Das Unternehmen gehört zu den letzten Seidenmanufakturen weltweit, die noch die Techniken des 18. und 19. Jahrhunderts anwenden, und darf als ein technisches Museum bezeichnet werden, denn hier werden an einem einzigen Ort alle Schritte zur Fertigung eines Stoffes ausgeführt. Neben Lyon ist auch Tours eine bedeutende Geburtsstätte der französischen Seidenherstellung.

Bereits im Jahre 1470 ordnete Ludwig XI. an, in Tours, der Hauptstadt seines Reiches, eine Seidenmanufaktur zu gründen. Zu jener Zeit waren die edlen Stoffe noch vorwiegend den geistlichen und königlichen Würdenträgern vorbehalten. Da der König seiner Provinz zu wirtschaftlichem Aufschwung verhelfen wollte, ließ er aus Lyon Lombarden und Venezianer kommen, um mit ihrer Hilfe den Grundstein zu legen. Er sorgte außerdem für Zwirnmühlen, Webstühle und Kessel und förderte die Zucht von Seidenraupen.

Unter Franz I. erreicht die Seidenherstellung ihren Höhepunkt. In den Webereien stellt man inzwischen Luxusprodukte für den Hofstaat her, der, ebenso wie der König selbst, eine Schwäche für prachtvolle Gewänder hat. Die

prestigeträchtigste Auftragsarbeit führt man in Tours im Jahre 1520 aus: Man fertigt die Zelte für das Treffen von Franz I. mit Heinrich VIII. von England. Die Stoffe sind so kostbar, dass man auch von dem »Treffen auf dem Goldbrokatfeld« spricht.

Im Haus Le Manach kann man die Faszination der Seidenherstellung von der Ankunft der kleinen Pakete mit dem Rohmaterial aus China bis zur Entstehung von wunderschönem Damast, Brokat, Samt und herrlicher Brokatelle erleben. Seide ist eine Offenbarung und versinnbildlicht den Zauber ferner Länder, gefahrvolle Abenteuer und fantastische Entdeckungen, wohl behütete Geheimnisse und Jahre über Jahre des Forschens. Die Reise führt uns von China nach Byzanz, von Bagdad nach Venedig, vom »Goldbrokatfeld« in die Bilder Jean Watteaus mit schönen Damen in kostbaren Roben. Wir schauen von den Gemälden der Renaissance zu den atemberaubenden flämischen Tafelmalereien, von dem Kleid der Jungfrau Maria und den prunkvollen Gewändern der Heiligen Drei Könige zu den Roben von Elisabeth I. von England oder den herrlichen Damaststoffen in den Gemächern des Königs und der Königin in Versailles.

Schon beim Betreten des Unternehmens in Tours zieht eine große Tafel die Blicke auf sich. Auf ihr ist die genaue Anzahl der Arbeitsjahre eines jeden einzelnen Mitarbeiters vermerkt: Weber 60 Jahre, Litzenmacher 63 Jahre, Zettlerin 52 Jahre, Wicklerin 40 Jahre … Ein Leben für die Seide!

Im ersten Raum der Manufaktur lagern die kleinen Ballen mit dem Rohmaterial, eingewickelt in mandelgrünes Kraftpapier und mit kleinen chinesischen Etiketten versehen, die Aufschluss über die Fadendicke geben. Die Rohseide ist noch von einem cremefarbenen Weiß und wird zuerst gekocht und dann gefärbt.

Im nächsten Raum erwarten uns Schränke, angefüllt mit zarten Garnsträngen in allen nur erdenklichen leuchtenden Farben, deren weich fließende Formen an lange Zöpfe erinnern. Die intensiven Farbtöne sind von solcher Perfektion, dass sie alle miteinander auf das Schönste harmonieren, wenn auf dem großen Tisch das Sonnenlicht auf die Stränge fällt.

In jedem Raum, in jeder Phase des Verarbeitungsprozesses verzaubert uns die Seide mit ihren subtilen, schillernden, strahlenden oder matten Farben erneut. In den Schubfächern im Erdgeschoss stapeln sich die Rollen mit Seidengarn, bevor sie in das Hinterhaus zur Verarbeitung an den 24 Webstühlen geholt werden, die allesamt unter Denkmalschutz stehen.

Seit ihrer Gründung wurden in der Manufaktur Le Manach mehr als 4300 Muster entworfen – im Renaissancestil bis zu Georges Le Manach, der in den 1920er Jahren begann, Vorlagen von zeitgenössischen Künstlern fertigen zu lassen. Im Rahmen der Pariser Kolonialausstellung von 1931 kreierte er die berühmten Ethnomotive: Geparden, Zebras, Kühe, Tiger und Leoparden. Von nun an arbeitete er mit den größten Innenarchitekten zusammen, darunter Jansen, Henri Samuel, Jean Michel Franck, Emilio Terry und in den Vereinigten Staaten mit Elsie de Wolfe. Berühmte Persönlichkeiten wie Jackie Onassis, Lauren Bacall, Fürstin Gracia Patricia von Monaco, Louise de Vilmorin und Hubert de Givenchy zählen zu seinen Kunden. Und seine Stoffkreationen schmücken die Interieurs so bedeutender Gebäude wie Schloss Windsor, Schloss Sanssouci in Potsdam, die Schlösser Vaux-le-Vicomte und Fontainebleau sowie das Museum Paul Getty bei Los Angeles.

Das Streben nach Perfektion und die Zusammenarbeit mit zeitgenössischen Künstlern hat sich auch der Urenkel von Georges Le Manach, Olivier Biosse-Duplan, der das Familienunternehmen leitet, auf die Fahne geschrieben. Broché-Gewebe, Lampas, Damast, Brokatelle und Seidensamt in strahlender Farbenpracht treffen in den Ateliers Le Manach auf Giraffen, Tiger und Leoparden.

Seiten 54/55
Zum Weben des karmesinroten Damasts Cloqué benötigt man 12 400 Fäden.

Rechts
Das Auftragsbuch des Jahres 1884.

Mélusine

PARIS

Das Schloss der Nixe Mélusine

Links
Drei junge Mädchen lächeln zaghaft auf der Fotografie im Turmzimmer und auf dem Konsolentisch liegt ein getrocknetes Verlobungssträußchen (rechts).

VORBEI AN WÜRZIG DUFTENDEN RAPSFELDERN, DURCH EINEN HERRLICHEN BUCHENWALD UND SCHON BIEGEN WIR IN DIE LANGE ALLEE EIN, AN DEREN ENDE EIN SCHLOSS STEHT, DAS BILDER AUS DEN MÄRCHEN VON DORNRÖSCHEN ODER DER NIXE MÉLUSINE IN UNS WACHRUFT. DAS ANWESEN WIRKT, ALS SEI ES EINES SONNIGEN NACHMITTAGS VOR LANGER ZEIT EINFACH EINGESCHLAFEN UND ALS SEI DIE ZEIT SEITDEM STEHEN GEBLIEBEN.

Von den weitläufigen Räumen im Erdgeschoss aus, die im 17. Jahrhundert für den königlichen Reichsverweser geschaffen wurden, blickt man auf die grünen Burggräben. Stille liegt über der riesigen Küche, der Waschküche, den Zimmern der Knechte und Dienstmädchen. Über eine schöne Steintreppe gelangen wir in den großen Salon im ersten Stock. Am Fenster stehen der Sessel der Großmutter und drei kleine Sitzgelegenheiten um einen zierlichen achteckigen Tisch, auf dem noch Kinderspiele und Spielfiguren aus gefärbtem Elfenbein liegen. Etwas weiter sehen wir den Spieltisch, der wohl für die Erwachsenen bestimmt war, mit Jetons aus Perlmutt und einem surrealistisch anmutenden Kartenspiel: Die jungen Mädchen auf den Karten tragen das Herz verkehrt herum, die Damen verbergen sich hinter schwarzen Masken in Form des Piks und das Kreuz ziert die Spitzbogenfenster einer gotischen Abtei – unwillkürlich fühlt man sich an Magritte erinnert. Auf dem Boden wurde ein Lottospiel aus der Zeit Ludwigs XVI. achtlos liegen gelassen, das Pianoforte wurde nach dem letzten Gebrauch nicht zugeklappt und auf dem Notenpult liegt noch ein aufgeschlagenes Notenheft, als sei die Unterrichtsstunde gerade erst beendet worden.

Schweigend setzen wir die Erkundung des in Schlaf versunkenen Schlosses fort. Das Speisezimmer scheint gerade für ein Fest vorbereitet zu sein: Eine strahlend weiße Organdydecke und ein indisches Tuch in verblasstem Rot sind über den Tisch gebreitet, Kristallgläser stehen bereit, das Porzellan ist gestapelt. Wer wird wohl erwartet?

Weitere steile Stufen folgen. Ganz oben im höchsten Turm, von dem aus man im Frühling die Sicht auf die blühenden Kirschbäume im Obstgarten genießen kann, erwartet uns ein stilles, elegantes Boudoir. Auf einem Konsolentischchen umrahmen mehrere Kinderfotografien das hübsche Porträt eines fröhlichen, blonden Jungen. Auf dem Tisch liegt auch ein zartes getrocknetes Sträußchen, an dem ein kleines, nur noch schwer zu entzifferndes Schildchen befestigt ist: »Mein Verlobungsstrauß«. Das Arbeitszimmer nebenan dürfte einem Archäologen gehören: überall Studien, Pläne, Scherben griechischer Vasen aus bemalter Terrakotta, Reisetagebücher und Zeichnungen von Tempeln und Statuen … In einem kleinen Raum etwas weiter weisen Alben mit versilberten Beschlägen, schwarze Schachteln mit schweren Glas-

Links
»Die Löwenjagd«, inszeniert in den 1860er Jahren von dem fotografiebegeisterten Vorfahren.

Rechts
Der lange gelbe Korridor mit den nummerierten Türen im ersten Stock.

platten und sehr alte Fotoapparate darauf hin, dass sich hier ein passionierter Fotograf eingerichtet hat. Dieser Eindruck bestätigt sich, denn in sicherer Entfernung vom Wohnhaus steht im hintersten Winkel des Obstgartens »La Photographie«, das Labor des einstigen Hausherrn, der mögliche Explosionen fürchtete. Familienmitglieder, Nachbarn und Kinder lichtete er dort in den unterschiedlichsten anmutigen Posen ab oder er erdachte kleine Inszenierungen, indem er seine Modelle als Tigerjäger, Räuber oder romantische, junge Mädchen verkleidete. Später wanderten die fertigen fotografischen Platten in die Sammlung in seinem Arbeitszimmer und der Hausherr wandte sich neuen Motiven zu.
Währenddessen schuf sich die Hausherrin in ihrem Zimmer mit der gewölbten Decke eine eigene kleine Welt: Der Nüchternheit des 17. Jahrhunderts setzte sie die Blütenranken auf einem Baldachin aus glänzendem Perkal entgegen. In »ihr Haus im Haus« zog sie sich zurück, um in den großen, Leder gebundenen Alben zu blättern und von Südafrika zu träumen, wo die junge Frau als älteste von fünfzehn Geschwistern ihre Kindheit verbracht hatte. Mit Wehmut erinnerte sie sich an die exotischen Blumen, atemberaubenden Landschaften und die vorüberziehenden Straußenfamilien, die sie jeden Morgen beobachtete, und nicht selten griff sie zum Pinsel, um diese Erinnerungen in ihren Malheften Gestalt annehmen zu lassen.

Lange Jahre war ein Mantel der Stille über das Anwesen der Nixe Mélusine gebreitet – das Leben war einfach stehen geblieben. Doch eines schönen Tages erwachte Mélusine aus ihrem Schlaf. Sie schritt durch die langen gelben Korridore, stieg die steinerne Treppe hinab und öffnete das schwere, genagelte Tor. Sie pflückte Blumen im Park, um mit Vergissmeinnicht, Tulpen, Anemonen und Flieder Farbe ins Haus zu bringen. Im Obstgarten und im Unterholz regte sich neues Leben. Sie traf auf schwarzweiße Kühe, die ihre Weiden verlassen hatten und nun wie vornehme Damen unter den Bäumen spazieren gingen – mit den Jahren nahmen sie es mit der Disziplin nicht mehr so genau. Auch das Federvieh und die Kaninchen wurden wieder munter. Die Sonne wärmte die alten Gemäuer und das Pianoforte nahm sein unterbrochenes Spiel wieder auf.
Die Birnbäume stehen in Blüte und im Haus wird erneut Kindergelächter erschallen. Wie für das Fest in Alain-Fourniers Roman *Der große Meaulnes* werden die alten Koffer geöffnet und edle Abendroben anprobiert, hohe Hüte, seidene Westen und Spitzenröcke.
Und eine Musik erfüllt das Schloss.

Rechts
Ein Register mit Monatsnamen aus der Zeit der Französischen Revolution.

74
44
45
46
55
56
57
75

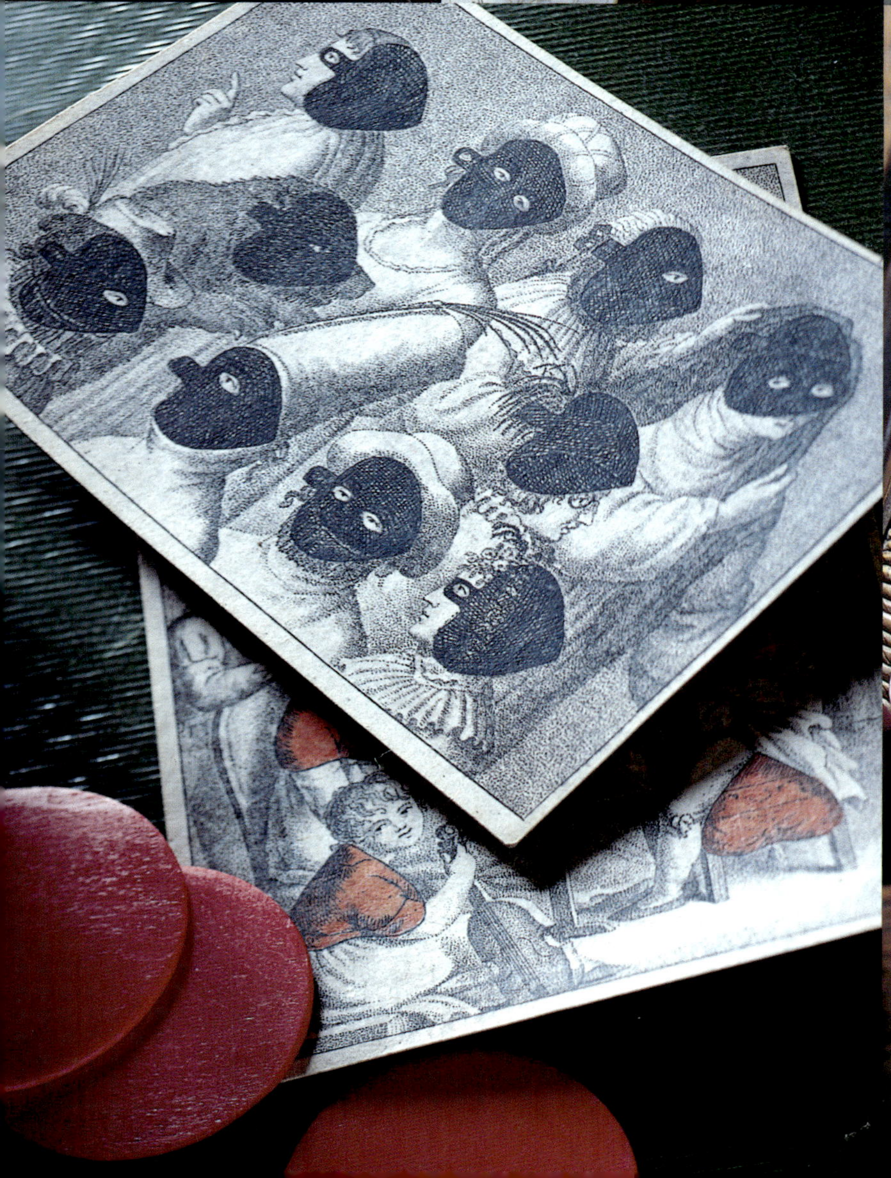

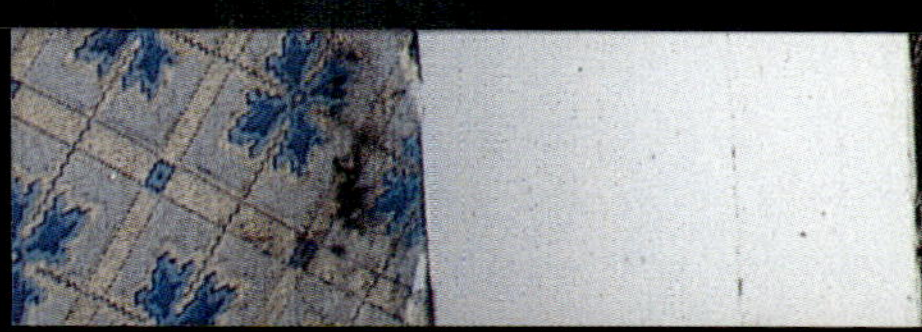

PAVILLON
DE LA
PHOTOGRA
PHIE

PAVILLON
DE LA
PHOTOGRA
PHIE

ATTISCHE VASENMALER
ATTIC RED-FIGURE VASE-PAINTER
BEAZLEY
ARCHAIC GREEK ART

Im Schloss der Nixe Mélusine müssen Kinder den großen Salon einst wie ein Paradies empfunden haben: Brett- und Kartenspiele, Jetons aus Perlmutt oder Elfenbein, Lottospiele und wunderliche deutsche Spielkarten von Johann F. von Cotta aus dem Jahre 1811 (S. 65). Hinter den Türen, die von dem schier endlosen gelben Korridor abgehen, verbergen sich Schlafgemächer und reizende Waschräume (S. 63, 70). Geblümte Baldachine (S. 71), Betthimmel aus Organdy und glänzendem Perkal (S. 69, 73), herrliche alte Tapeten und seidige Posamenten (S. 68, 70) mildern die Nüchternheit der weitläufigen Räumlichkeiten aus dem 17. Jahrhundert. Das Badezimmer in Blautönen mit einer Zinkwanne und einem Wandschrank mit Kostümen (S. 74/75), das Arbeitszimmer des Großvaters, der Archäologe war, mit seinem »künstlerischen« Durcheinander (S. 76/77), das Zimmer des passionierten Fotografen, in dem noch die riesigen Fotoapparate und Glasplatten der damaligen Zeit zu sehen sind (S. 78/79) – eine Welt voller Überraschungen und Poesie scheint nur darauf zu warten, zum Leben erweckt zu werden.

Oben
Eine Schachtel mit fotografischen Platten im Labor des Vorfahren.

Rechts
Vom »Saal der Dienerschaft« mit dem hohen Gewölbe aus dem 17. Jahrhundert gelangt man in die Kapelle.

Die Commanderie im Frühling

IM BERRY, DER HEIMAT DER SCHRIFTSTELLERIN GEORGE SAND, LIEGT NICHT WEIT VON DER SCHÖNEN ABTEI NOIRLAC DIE COMMANDERIE VON FARGES. DER FRÜHLING HAT GERADE ERST EINZUG GEHALTEN, DIE APFELBÄUME SIND VON ZARTEN KNOSPEN ÜBERSÄT UND ENTLANG DER ALLEEN BLÜHEN IMMERGRÜN, VEILCHEN, SCHLÜSSELBLUMEN UND OSTERGLOCKEN. BERNARD UND MICHELLE DE JOUFFROY GONSANS EMPFANGEN UNS AUF IHREM MÄRCHENHAFTEN ANWESEN UND ERZÄHLEN UNS SEINE GESCHICHTE.

Seiten 82/83
»Unsere Rückkehr von Lignières nach Farges, 3. Januar 1908«, Jehan de Jouffroy Gonsans.

Nur wenige Schritte vom Schloss entfernt fällt uns ein großer Erdhügel auf, der noch aus der merowingischen Zeit stammt. Die Römer gewannen aus dem Erdreich unter dem Hügel Eisenerz. Bernard de Jouffroy erzählt, dass die Bauern bei der Arbeit auf den umliegenden Feldern ab und an Teile von Sarkophagen oder Bruchstücke eines Mosaiks finden, die von der römischen Vergangenheit zeugen. Und als einmal die Quelle versiegt war, stieß man zur Überraschung aller bei der Bodenuntersuchung in nur zwei Meter Tiefe auf eine reizende galloromanische Stele: Die liebliche Wassergöttin schmückt seither den Eingang der Commanderie. Wie der Name bereits verrät, war das Anwesen ursprünglich eine Komturei – erst der Tempel-, dann der Malteserritter –, bevor es im 17. Jahrhundert von Bernard de Jouffroys Vorfahren erworben wurde. Von dem einstigen Sitz der Templer waren nur noch ein Flügel und die kleine Kirche Saint-Jean neben dem Obstgarten erhalten.

Oben
Ein Kinderbild von Marguerite de Galliffet und ihrem Bruder Gaston.

Links
Die wunderschöne Georgina, Marquise de Galliffet, gemalt von Édouard Dubufe.

Bernard und Michelle de Jouffroy Gonsans sind begnadete Geschichtenerzähler, und so werden wir nicht müde, den Abenteuern und Episoden aus dem Leben ihrer Ahnen zu lauschen, die in Patagonien und Nordamerika, Mexiko oder Polen spielen.

Im 19. Jahrhundert befindet der passionierte Kunst- und Architekturliebhaber Jean de Jouffroy Gonsans die ehemalige Komturei für zu klein und beschließt, das Gebäude zu vergrößern. Er lässt ein L-förmiges Schloss aus weißem Stein errichten. Der neugotische Stil à la Walter Scott entspricht ganz dem Geschmack seiner Zeit. Jean de Jouffroy Gonsans selbst zeichnet die Pläne, entwirft großzügige Interieurs, eine schöne Steintreppe, lange Korridore, die zu den Schlafgemächern und Bädern führen, eine geräumige Küche und große Fenster, die den Blick auf die Landschaft freigeben. Auch die Umgebung des Schlosses geht auf seine Planung

zurück: Es entstehen ein Park, ein großer Gemüsegarten und die Stallungen, die noch heute von der Familie genutzt werden.

Der Schlossherr und Architekt heiratet Marie de Chabrillan. Oben im Turm finden wir in dem runden Studierzimmer in den Bücherregalen zahlreiche schwarz eingebundene Büchlein, deren Seiten mit einer kindlichen Schrift beschrieben sind. Es handelt sich um Schulhefte aus dem Jahre 1869, die die Ehefrau aus ihrem Jungmädchenzimmer in Paris mit hierher brachte.

Als Jehan de Jouffroy Gonsans, der Vater unseres Gastgebers, 1910 seine Studien beendet hat, bricht er gemeinsam mit einem Freund zu einer Weltreise auf, die ihn nach China, Russland sowie Süd- und Nordamerika führen soll. Patagonien ist das Traumziel für den großen Pferdeliebhaber, der es sich in den Kopf gesetzt hat, in Argentinien ein Gestüt aufzubauen. Doch es kommt alles ganz anders, denn als er das geeignete Stück Land für sein Vorhaben gefunden hat, ist er gezwungen, überstürzt nach Frankreich zurückzukehren. Wir befinden uns im Jahre 1914, der Erste Weltkrieg ist gerade ausgebrochen. Jehan de Jouffroy Gonsans wird zunächst in Douaumont und dann in Verdun schwer verletzt und muss seinen großen Traum von einem Leben in Südamerika endgültig aufgeben. Er heiratet Marguerite de Galliffet und richtet sich in der Commanderie ein, wo er den landwirtschaftlichen Betrieb wieder aufnimmt. Nur wenige Jahre später stirbt er an den Folgen seiner Kriegsverletzungen und hinterlässt drei Söhne; einer von ihnen ist Bernard, unser Gastgeber, der zu diesem Zeitpunkt erst acht Jahre alt ist.

Bernards Mutter ist die Enkelin des berühmten Generals Gaston Auguste Marquis de Galliffet, der 1870 das Kommando über das Korps der *Chasseurs d'Afrique* hatte, dann Oberbefehlshaber der Kavallerie und zu Beginn des 20. Jahrhunderts Kriegsminister wurde. Er hatte in einem Gefecht in Mexiko einen Bauchschuss erlitten und nur durch ein Wunder überlebt. Seitdem nannte man ihn den »General mit dem silbernen Bauch«, da eine Metallplatte seine inneren Organe bedecken musste!

Seine Frau Georgina, deren reizendes Porträt im kleinen Salon der Commanderie hängt, war laut Marcel Proust eine der schönsten Hofdamen der Kaiserin Eugénie. Georgina und ihr Mann hatten drei Kinder, darunter den Sohn Charles, Marguerites Vater. Er heiratete die Amerikanerin Frances Gallatin Stevens, sie ist also die Großmutter unseres Gastgebers. Auf dem Dachboden der Commanderie stehen noch heute die imposanten Überseekoffer, die für die langen Reisen über den Atlantik benötigt wurden.

Eine weitere Geschichte erzählt das hübsche Porträt eines jungen Mädchens mit lachenden Augen, das über dem Bett im blauen Schlafzimmer hängt. Es zeigt eine Nichte der amerikanischen Großmutter, Dorothee Orlowska; in der Familie wird sie Tante Dolly genannt. Ihr Mann, ein polnischer Aristokrat, besaß weitläufige Ländereien in Ostpolen, nahe der russischen Grenze. Noch am selben Tag, als die russische Armee während des Zweiten Weltkrieges in Polen einmarschierte, wurde er gefangen genommen und nach Russland in die Salzminen deportiert, wo er später verstarb. Dolly konnte ihm

Jehan de Jouffroy Gonsans und seine Frau Marguerite, im Jahre 1914.

Hinter dem Obstgarten steht das alte Wasch- und Trockenhaus.

zunächst folgen und ihm Nahrung und Hilfe zukommen lassen, doch schließlich musste sie sich selbst verstecken und fliehen. Sie kehrte über die Karpaten nach Polen zurück und ging nach Warschau.

Während einer der beiden Warschauer Aufstände wurde Dolly mit anderen polnischen Frauen als lebender Schutzschild an einen deutschen Panzer gekettet. Als Gefangene kam sie nach Deutschland, wo sie entkommen konnte und bei alten deutschen Freunden Unterschlupf fand. Den Rest ihres Lebens verbrachte Dolly in Paris und organisierte gemeinsam mit anderen Familien die Unterstützung polnischer Emigranten. All diese Schicksale in der Familiengeschichte werden in der Commanderie in Farges nicht vergessen. In der Nähe der Stallungen, im Schatten der kleinen Kapelle Saint-Jean, bemühen sich Bernard und Michelle seit einigen Jahren, den ehemaligen Gemüsegarten und den Kanal wieder instand zu setzen. Der Kanal führt zu einem hübschen Gebäude, das früher als Waschhaus und Trockenboden diente. Im Erdgeschoss sieht man noch heute die Waschküche von einst und über eine schmale Holztreppe steigt man in den oberen Stock hinauf, wo die großen Laken des Schlosses an langen Leinen aus Eisendraht zum Trocknen aufgehängt wurden. Heute beherbergt das Gebäude eine Ansammlung Glasglocken für den Garten und viele Körbe, die an einem Balken aufgehängt sind. In einer Ecke liegt seit langen Jahren unbenutzt die alte Kutscheruniform, deren Goldknöpfe eine Krone ziert, und auch ein Wägelchen, das man an ein Fahrrad anhängen konnte, ist hier untergestellt.

Während des Zweiten Weltkrieges schloss sich Bernard de Jouffroy im Alter von achtzehn Jahren der Résistance, dem Maquis der Haute-Savoie, an. Nach dem Krieg kehrte er nach Farges zurück, um sich der landwirtschaftlichen Nutzung seiner Ländereien zu widmen. Außerdem nahm er die Zucht von Reit- und Turnierpferden wieder auf. Bernard erzählt, dass 1937 ein Gesandter des japanischen Kaisers in die Commanderie kam, um eine weiße Stute zu kaufen, die, nach einer damals populären Operette, den Namen Mary Maid trug. Der Kaiser taufte sie auf den Namen Schneewittchen um und machte die Stute zu seinem persönlichen Reitpferd. Viele Jahre später, bei der Fernsehübertragung des Begräbnisses von Kaiser Hirohito, erkannte Bernard de Jouffroy zu seiner Überraschung, dass die kleine weiße Stute aus Farges hinter dem Katafalk des Herrschers herlief.

Nach der Hochzeit mit Bernard de Jouffroy 1964 zieht auch Michelle in die Commanderie ein und wird von ihrer Schwiegermutter, die seit langem verwitwet ist, mit Freude willkommen geheißen. Von Anfang an verbindet sie die Liebe zur Musik, wie Michelle de Jouffroy erzählt: »Ich mochte sie sehr, sie war sehr wichtig für mich; sie brachte mir so viel bei und wir haben oft miteinander musiziert. Als ehemalige Schülerin der Pianistin Marguerite Long liebe ich Musik, insbesondere Klaviermusik.

Mit zwanzig Jahren habe ich das Berry kennen gelernt, ein Land der Sagen und Legenden, der Wälder und der verwunschenen Pfade, eine Gegend, die man entdeckt, wenn man ›die Zweige zur Seite schiebt‹, wie Alain-Fournier in *Der große Meaulnes* schrieb. Es ist auch das Land der Zauberer, der Kräutermänner und Heiler, die einen genesen lassen, indem sie mit der Hand am Körper entlangstreichen, ohne ihn zu berühren und Salben aus geheimnisvollen Kräutern her-

stellen. Ich habe mich in der Commanderie bald zu Hause gefühlt und die Bekanntschaft echter Bauersleute gemacht, die noch die lange schwarze Weste aus festem Tuch trugen.

Ich erinnere mich, dass es, als ich hier einzog, in der Gegend noch richtige Persönlichkeiten gab, den alten Delorme beispielsweise, der wie ein Grandseigneur über seinen Hof herrschte. Er war sehr groß, von vornehmer Haltung und von einer Eleganz wie sie nur die Landmänner von einst ausstrahlen können. Seine Statur, sein Blick, der Stolz und die Liebe zu seiner Heimat haben mich ungemein beeindruckt.

Doch im Berry hat mich die Natur auch Demut gelehrt. Wir haben erlebt, wie ein plötzlicher Hagelsturm den Gemüsegarten innerhalb weniger Minuten vollständig zerstörte, oder mussten mit ansehen, wie Tiere vom Blitz getroffen wurden. Aber dann wieder ritten mein Mann und ich gemeinsam mit den Kindern im Morgengrauen in die Wälder, um die Natur zu beobachten, den herrlichen Himmel, um die Wirkung des Lichts zu betrachten und den Vögeln zu lauschen …«

»Dieses Familienleben auf dem Land entspricht ganz meinen Vorstellungen«, erklärt Michelle. »Es ist eine menschliche Welt, die alle Sinne anspricht. Hier hat man die Zeit zuzuhören, zu leben, nachzudenken, aufzunehmen und zu entdecken. Dieses Haus ist ein wahres Refugium, in das man sich zurückziehen kann, wenn man nicht mehr weiter weiß, wo man Mut und Großzügigkeit schätzt. Man schöpft neue Energie aus der Kraft der Natur, ihrer Schönheit und Stille.«

Und während wir durch den Gemüsegarten schlendern und durch die Zweige der alten, blühenden Birnbäume ein bezauberndes Licht fällt, klingt von der kleinen Templerkirche das Angelusläuten herüber. Und uns erfüllt mit einem Mal eine solch friedliche Ruhe, dass wir in diesem Moment Michelle voll und ganz verstehen können.

Oben und ganz links
Auf dem ehemaligen Trockenboden findet man alte Körbe für Wal- und Haselnüsse oder Blumen, Glasglocken aus dem Gemüsegarten sowie Gartenstühle in der Form von Strandkörben – große für die Erwachsenen und kleinere für die Kinder.

Links
Auf dem Speicher stehen noch die großen Überseekoffer für die langen Reisen über den Atlantik.

Jacques
Poularde au Sancerre
glacée
aux fraises des bois

IARY

1921

In der Commanderie in Farges ist eine Fotografie aus dem Jahre 1908 zu sehen, die Jehan de Jouffroy Gonsans auf seinem Fahrrad zeigt. In dem ungewöhnlichen Anhänger, der heute auf dem einstigen Trockenboden steht, sitzt sein Cousin (S. 83).
Im Inneren des Gebäudes spürt man, dass der heutige Familiensitz aus zwei unterschiedlichen Bauten entstanden ist: aus der ehemaligen Komturei der Templer mit ihren bescheideneren Proportionen und dem Schloss aus dem 19. Jahrhundert, das der Architektur begeisterte Vorfahre unseres Gastgebers errichten ließ. Das kleine Esszimmer (S. 91/92) besticht durch seine Gemälde, die Rohrstühle aus der Zeit Ludwigs XV. sowie das antike Tafelsilber und das Porzellan der Manufaktur in Tournai (S. 93). Von dort gelangt man direkt in den weitläufigen, neugotischen Salon, den ein riesiger Kristalllüster standesgemäß beleuchtet (S. 94/95). Die Familie de Jouffroy Gonsans besitzt unzählige Erinnerungsstücke. Hier eine kleine Auswahl: das große Porträt von Georgina, der Marquise de Galliffet, gemalt von Édouard Dubufe (S. 84), zierliche Sonnenschirme, hübsche, in rotes Leder gebundene Tagebücher, eine Nähschatulle aus der Zeit der Restauration oder das Goldene Buch, in dem eine Seite mit einer Zeichnung von Karl Reille aufgeschlagen ist (S. 96/97). Oben im Turm (S. 98/99) befindet sich das runde Studierzimmer und in dem Schlafgemach im Stil Ludwigs XV. mit dem Porträt der jungen Dolly Orlowska dürfen wir die Aquarelle bewundern, die Sophie de Jouffroy Gonsans, eines der vier Kinder der Hausherren, gemalt hat (S. 100/101).

La Mignarde

La Mignarde – ein Landschloss in der Provence

IM 18. JAHRHUNDERT KAUFT EIN GEWISSER GABRIEL MIGNARD BEI AIX-EN-PROVENCE EINEN ALTEN LANDSITZ – IN DER PROVENCE *BASTIDE* GENANNT – MIT DEN DAZUGEHÖRIGEN LÄNDEREIEN UND TAUFT IHN AUF DEN NAMEN »LA MIGNARDE«. ER IST KONDITOR UND SÜSSWARENLIEFERANT DES LETZTEN GOUVERNEURS DER PROVENCE, DES MARSCHALLS DE VILLARS, UND DA ER FEINSCHMECKER UND KUNSTLIEBHABER IST UND AUSSERDEM STOLZ AUF SEINEN BERUF, SCHMÜCKT ER DIE PFEILER DES PORTALS MIT VIER STEINERNEN FEUERSCHALEN, DIE BLÄTTERTEIGPASTETEN DARSTELLEN. IN FRANKREICH KENNT MAN SEINEN NAMEN BIS HEUTE, DENN DIE SO GENANNTEN *MIGNARDISES*, WINZIGE GEBÄCKKREATIONEN, SIND NACH IHM BENANNT.

Im Jahre 1768 beantragt Gabriel Mignard die Genehmigung, eine Leitung zu verlegen, da er nur über ein »spärliches Rinnsal an Wasser verfügt«, um sein Anwesen zu bewässern. Zehn Jahre später, 1778, erhält er schließlich die Bewilligung und das Wasser der nur einen Kilometer entfernten Quelle kann endlich zum Haus geleitet werden. Das Wasser fließt durch ein langes unterirdisches Gewölbe, in das man noch heute hinuntersteigen kann. Im Abstand von einem Meter sind kleine Ausbuchtungen in den Stein gehauen worden, um während der Erdarbeiten Kerzen aufstellen zu können.

Gabriels Sohn Sauveur Mignard ist Architekt und Bauunternehmer und nimmt in den Jahren zwischen 1770 und 1780 gemeinsam mit dem Architekten Claude Nicolas Ledoux ein großes Vorhaben in Angriff: Er wandelt den hübschen Landsitz seines Vaters in ein wahrhaftiges kleines Schlösschen um. Oleander schmückt die Fassade, an die sich die große Orangerie anschließt, und entlang der Stufen, die zu den tiefer gelegenen Gärten führen, wachen anmutige steinerne Windspiele, umgeben von alten Rosenstöcken. Im Teich von Armor und Psyche spiegelt sich das Schloss.

Sauveur Mignard gestaltete sämtliche Räume mit ausgesuchter Raffinesse, welche die Jahrhunderte überdauert hat. Man betritt das Schlösschen durch das Hauptportal und gelangt in die Eingangshalle mit den weißen und grauen Marmorplatten und der imposanten Treppe, deren zartes schmiedeeisernes Geländer so typisch ist für die Region um Aix-en-Provence.

Der erste Salon, den wir besichtigen, geht auf den Park hinaus und seine gelben Wände zieren Putten und Trophäen aus weißem Stuck. Dagegen lassen die niedrige Holzvertäfelung mit Lianenornamenten und die bedruckten Blumenstoffe aus dem 18. Jahrhundert den großen türkischen Salon wie einen Innengarten erscheinen. Ein üppiges Ruhebett, über dem große Spiegel hängen, verführt dazu, der Welt und der Hitze draußen den Rücken zu kehren und sich zum Träumen zurückzuziehen. Das Bett ist so groß, dass es problemlos zu einer Theaterbühne umfunktioniert werden konnte!

Ein farbenfrohes, überraschendes Bild bietet das Speisezimmer, denn die Wände sind mit herrlichen chinesischen Tapeten aus dem 18. Jahrhundert bespannt, auf denen die einzelnen Arbeitsschritte des Anbaus von Reis und Tee, der Seidenweberei und der Porzellanherstellung dargestellt sind. Zierliche Personen mit hellen Gesichtern und schwarzen Zöpfen sind in hübschen Gewändern bei der Arbeit: Die Männer tragen blaue, rosafarbene oder gelbe Hosen und ins Violette spielende Hemden. Sie sägen Holz, überwachen qualmende Öfen, verzieren zarte Schälchen, während andere Körbe flechten, um darin feines Porzellan für die Verschiffung in aller Herren Länder zu verpacken. Arbeiter kommen aus den Bergen, beladen mit Tee-

Oben
Angèle de Campou Grimaldi und ihr Bräutigam, Fotografie von Nadar und Detaille.

Links
In der Ecke des Spiegels mit dem Goldrahmen klemmt ein Foto, das offensichtlich jemandem viel bedeutet: Es zeigt Alberte de Campou Grimaldi, die Mutter unseres Gastgebers Emmanuel Sechiari.

Ganz oben
Emmanuels Vater Jean Sechiari in der Uniform der Militärschule von Saint-Cyr.

Oben
Ein Bild voller Zärtlichkeit von Adrienne de Campou Grimaldi und ihrem Sohn.

blättern, um diese auf Sieben zum Trocknen auszulegen; ein kleiner Mann steht in einem Reisfeld und führt eine Egge, die von einem großen Büffel mit runden Augen gezogen wird. Junge Frauen mit weiß gepuderten Gesichtern und strengen, winzigen Haarknoten arbeiten an Seidenwebstühlen.

Im Jahr der Französischen Revolution, 1789, muss Pierre Pascalis, Jurist und Chef der Gegenrevolution, untertauchen und findet bei seinem Onkel auf La Mignarde Unterschlupf. Doch er wird bald denunziert und achtzig Revolutionäre stürmen das Haus. Ohne Prozess wird er am 11. Dezember 1790 gemeinsam mit zwei anderen Verurteilten gehängt – es sollen die ersten drei Toten sein, die die Französische Revolution in Aix-en-Provence fordert. La Mignarde wird von den Revolutionären beschlagnahmt und die Familie Mignard lässt Hab und Gut zurück und flieht.

Jean-Baptiste Rey, Zahlmeister in der kaiserlichen Armee, gelangt 1804 in den Besitz des Landschlösschens. Zwei Jahre später empfängt er auf La Mignarde Fürstin Pauline Borghese, die Schwester Napoleon Bonapartes. Diese hält mit ihrem gesamten Hofstaat im Mai 1806 Einzug, um in der Nähe ihres Liebhabers, des Marquis Auguste de Forbin, zu sein, der nicht weit entfernt auf Schloss La Barben lebt. Eigentlich hätte sie sich für einen Kuraufenthalt in die Therme von Gréoux begeben sollen, doch sie fürchtet, sich dort zu langweilen, und so bittet sie Jean-Baptiste Rey, der ihr gut bekannt ist, um seine Gastfreundschaft. Die Fürstin richtet sich im Erdgeschoss ein: Der türkische Salon dient ihr als Schlafgemach und der angrenzende, rund gebaute Raum als Badezimmer.

Die Bäuerinnen der Umgebung verkaufen Pauline für ihr Bad Eselsmilch, die sie mit Lavendel parfümiert. Nach dieser luxuriösen Verwendung wird die Milch auf dem Markt von Aix-en-Provence angeboten. Doch die Käufer stoßen sich verständlicherweise an dem eigenartigen Geschmack und eine Untersuchung wird anberaumt, woraufhin der Bürgermeister von Aix per Dekret den Verkauf von Milch aus der Gegend von La Mignarde für die Dauer des Aufenthalts der Fürstin untersagt.

Pauline gibt Diners, veranstaltet Feste und Feuerwerke. Und trotz abweichender politischer Überzeugungen folgen viele ihren Einladungen mit großer Freude. Doch auf Geheiß von Letizia, der besorgten Mutter des Kaisers, hält eines Tages auch Paulines Mann auf La Mignarde Einzug. Der Präfekt von Marseille, Graf Thibodeau, der für die Sicherheit der Fürstin und auch mit ihrer »Überwachung« betraut ist, berichtet in seinen Memoiren von einer Abendgesellschaft auf La Mignarde: »Während der Mahlzeit zieht sich die Fürstin in ihr Gemach zurück, wohin ihr nur kurze Zeit später der schöne Forbin folgt. Die beiden werden nicht mehr gesehen.« Fürst Borghese geht die ganze Nacht schlaflos auf der Terrasse unter Paulines Fenster auf und ab, wobei ihm Thibodeau und sein Gastgeber Jean-Baptiste Rey Gesellschaft leisten. Er ist außer sich vor Wut und erklärt, dass »wenn seine Frau nicht die Schwester des Kaisers wäre, er ihr dermaßen den Hintern versohlen würde, dass sie sich noch lange daran erinnern würde«!

Pauline Borghese verweilt noch weitere sechs Monate auf La Mignarde, bis die launische Fürstin eines Tages im Park Auguste de Forbin wütend ein Buch an den Kopf wirft. Er geht, sie blickt ihm nach und beschließt abzureisen.

1858 erwirbt Émile Rigaud, ein Vorfahre der heutigen Eigentümer, den Besitz. Er ist vierzehn Jahre lang Bürgermeister und Abgeordneter der Stadt Aix-en-Provence und wird 1862 von Napoleon III. zum ersten Präsidenten des kaiserlichen Gerichtshofes von Aix ernannt. Er gestaltet die Rotonde des Cours Mirabeau neu und macht sich die Modernisierung der Stadt zur Aufgabe: Er lässt unter anderem die Eisenbahnstrecke nach Marseille bauen und auf La Mignarde entsteht eine neue Orangerie. Es ist die Epoche des Architekten Victor Baltard und so wird ein modernes Gebäude mit einer Stahlkonstruktion entworfen. Die alte Orangerie war zu eng, um die Sammlung der *Vases d'Anduze*, der typisch wuchtigen Terrakotta-Töpfe aus Anduze, die mit Zitronen- und Orangenbäumen, Kakteen und Palmen bepflanzt sind, zu beherbergen. Émile Rigaud legt auch einen Teil des Parks neu an, sammelt Pflanzen aus dem Mittelmeerraum und arbeitet an der Verschönerung der Interieurs. Die Badewanne aus weißem Carrara-Marmor der Fürstin Borghese lässt er in einen der Türme transportieren und das Badezimmer wird zur Familienkapelle. Das Anwesen ist seine Passion und so pflegt und vergrößert er die Ländereien und widmet sich dem Weinbau. Er inspiriert Emile Zola zu der Gestalt des Monsieur Delangre in dem Romanzyklus *Die Rougon-Macquart*.

Émile Rigaud liebt auch die Dichtkunst und übersetzt das Werk *Miréio* seines Freundes Frédéric Mistral aus dem Provenzalischen ins Französische. Er selbst bringt in dem folgenden Gedicht seine Liebe zu La Mignarde zum Ausdruck. Voll Zärtlichkeit beschreibt er sein wunderschönes Heim in den Feldern, wo es Schatten, Sonne, eine Quelle und Blumen gibt; sein Haus, das den Wind dazu brachte, sich drehen, um ihn immer wieder dorthin zu führen, dem er sein Glück verdankt. Das Haus, in dem auch seine Kinder glückliche Tage erleben und das ihnen später, nach seinem Tode, noch lange Schutz gewähren und von ihm erzählen soll.

»Nonna«
in den 1920er Jahren.

Ô ma maison des champs dont l'aspect me délasse.
Tu réponds au désir que formulait Horace,
De l'ombre, du soleil, une source et des fleurs.
Tu détournas le vent qui me poussait ailleurs.
Les jours qu'on coule en paix sont encore meilleurs,
Tu reçois mes enfants vers la saison d'automne.
Je te dois le bonheur que le séjour me donne.
Abrite-nous longtemps dans la même demeure,
Et quand le ciel aura marqué ma dernière heure,
Abrite-les encore et parle-leur de moi.

Das Anwesen ist im Besitz seiner Nachfahren geblieben und heute sind Sabine und Emmanuel Sechiari die jungen Hausherren. Als Sabine 1973 zum ersten Mal nach La Mignarde kommt, ist sie gerade neunzehn Jahre alt. Sie trifft abends dort ein, es herrscht Stille und sie erblickt das Haus im Mondlicht.

»Mir kam es vor, als sei ich mitten in den Roman *Der große Meaulnes* hineingeraten. Der Charme des Anwesens hat mich sofort in seinen Bann geschlagen. Ich hatte das Gefühl, ein Haus zu betreten, in dem es keine Zeit gibt. Es war Advent, im Park brannten Holzfeuer und Laub bedeckte den Boden, alles war gedämpft und leise. Aber die Gerüche waren fantastisch! Hier müssen einmal viele Kinder leben, dachte ich, und es braucht viel Musik, das Geräusch von knallenden Türen, schnellen Kinderfüßen und Lachen!«

»Meine Eltern sind begeisterte Kunstliebhaber«, fügt Sabine hinzu, »mein Vater spielt seit dem fünften Lebensjahr Geige und meine Mutter hat Kunst studiert. Ich bin mit der Liebe zur Malerei und Musik aufgewachsen. Auf La Mignarde bei meinen Schwiegereltern, die ich sehr liebte, gab es nur einen alten Plattenspieler. Ich wollte dieses herrliche Haus aus seinem Dämmerzustand erwecken!«

Emmanuel und Sabine Sechiari heiraten 1975. »Meine Schwiegermutter hat mich mit offenen Armen aufgenommen und mir sehr viel Wärme und Zuneigung entgegengebracht. Sie war eine empfindsame und lebhafte Frau. Wir haben uns wunderbar verstanden. Leider ist sie sehr bald gestorben und plötzlich war ich selbst die Hausherrin, mit erst 23 Jahren. Mein Schwiegervater ließ uns freie Hand und so begannen wir 1978 mit der Restaurierung des Hauses, zuerst des zweiten Stocks, dann der Wirtschaftsgebäude, des Parks und der Weinkeller.«

Fünfzehn Jahre lang schien es, als sei die Quelle versiegt. Höhlenforscher boten Emmanuel Sechiari an, in die Gewölbe hinunterzusteigen und dem Problem auf den Grund zu gehen. Sie kamen mit zwei Neuigkeiten zurück: »Sie haben jede Menge Wasser, aber das unterirdische Gewölbe ist an mehreren Stellen eingestürzt, weshalb der Fluss unterbrochen wurde.« Emmanuel beschloss, die Gewölbe instand zu setzen und im Garten neue Rohrleitungen zu verlegen – endlich kehrte das Wasser zurück und auf La Mignarde sprudelten wieder die Springbrunnen.

»La Mignarde ist mein Zuhause geworden«, erklärt Sabine. »Ich konnte dem Haus gegenüber nicht gleichgültig bleiben, sondern musste mich ganz darauf einlassen. Stück für Stück habe ich das Anwesen erkundet und es ist wieder zum Leben erwacht. Es ist wunderschön, ich liebe und vergöttere es; ich kann mich einfach nicht daran satt sehen. In mir verspüre ich den Drang, für dieses Haus zu kämpfen und jeder Sieg ist herrlich!

Diese Passion hat mittlerweile die gesamte Familie erfasst: Wir alle, mein Mann, meine Kinder und ich, stecken unsere gesamte Energie in dieses Haus. Im Gegenzug schenkt es uns Frieden und ich habe das seltsame Gefühl, dass es uns beschützt. Vielleicht ist es ein Haus, das das Glück anzieht? Außerdem bin ich überzeugt, dass alle, die jemals hier gelebt haben, immer noch anwesend sind, über uns wachen und uns leiten. Ich weiß nicht, ob wir all das ohne sie geschafft hätten. Ich möchte sie nicht enttäuschen, denn auch sie haben dieses Haus so sehr geliebt.«

Oben
Steinerne Hunde bewachen die Stufen, die in die Gärten mit den alten Platanen führen.

Rechts
Die große Orangerie ließ Émile Rigaud zur Zeit des Zweiten Kaiserreiches bauen, um ausreichend Platz für seine Vases d'Anduze und die Mittelmeergewächse zu schaffen.

Zahlreiche Statuen von Chardigny bevölkern den Park der bastide *La Mignarde, die im 17. Jahrhundert erbaut wurde* (S. 102/103, 121). *Steinerne Hunde bewachen die Stufen, die zu den mächtigen Platanen und den Wasserbecken hinunterführen* (S. 108). *Die große, während des Zweiten Kaiserreiches erbaute Orangerie beherbergt eine Sammlung der typischen Terrakotta-Töpfe aus dem Städtchen Anduze* (S. 109). *Auf dem Kaminsims im gelben Salon steht ein Service aus der Fayencenmanufaktur in Creil mit dem ungewöhnlichen Dekor Deuil à la Reine. Im Spiegel dahinter erkennt man ein Porträt der Fürstin Pauline Borghese, die im Jahre 1807 zu einem längeren Aufenthalt auf La Mignarde verweilte* (S. 110/111). *Der große Salon im türkischen Stil mit dem üppigen Ruhebett und den zahlreichen Spiegeln diente ihr als Schlafgemach* (S. 112/113). *Heute ist der Raum, der durch seine Holztäfelungen mit Lianenornamenten und die antiken Stoffe mit Blumenmustern bespannt, eine Art Wintergarten. Im Speisezimmer wird gerade die Restaurierung der fantastischen chinesischen Tapeten abgeschlossen, die Sauveur Mignard im 18. Jahrhundert anbringen ließ* (S. 116–119).

Antike Tapeten aus der Sammlung Mauny

Tapeten aus vergangenen Zeiten tragen zu dem bezaubernden Charme alter Wohnsitze bei. Wie gross ist manchmal die Überraschung, wenn bei der Renovierung eines Zimmers oder eines Korridors unter mehreren Schichten eine reizende alte Tapete zum Vorschein kommt! Manchmal findet sich auch auf einem Speicher die eine oder andere vergessene Tapetenrolle, die, wenn man sie von Staub befreit und ausrollt, nichts von ihrer einstigen Pracht eingebüsst hat. Tapeten sind kostbare und wunderschöne Zeugnisse vergangener Wohnkultur.

Die Sammlung Mauny wurde in den 1930er Jahren von dem berühmten Dessinateur André Mauny zusammengetragen und ist seit 1994 als französisches Kulturerbe geschützt. Die Kollektion umfasst Stücke aus den unterschiedlichsten Gegenden, die die hübsche Geschichte der Tapetenkunst erzählen.

Der Vorläufer der Tapete ist das Domino-Papier, auf das mit Modeln Motive gedruckt wurden und mit dem man Schränke, Schubladen oder Koffer auskleidete. Das älteste gefundene Stück Domino-Papier war die Auskleidung eines deutschen Köfferchens aus dem 15. Jahrhundert, das wohl einmal einem Boten des Unternehmens Thurn und Taxis gehört hatte. Erst im 18. Jahrhundert begann man, damit Wände zu dekorieren.

Zu jener Zeit tauchten auf dem einen oder anderen herrschaftlichen Wohnsitz, so beispielsweise in Schloss Maintenon, kostbare Tapeten aus China auf, die, ebenso wie Stoffe aus Indien, von der Ostindischen Kompanie eingeführt wurden. Die ersten Exemplare brachten jedoch niederländische Missionare nach Europa: Die Motive auf diesen Tapeten aus Reispapier – Blumen, Alltagsszenen oder Landschaften – waren noch von Hand gezeichnet.

Besonders begehrt waren die Velourstapeten des englischen *Blue Paper Warehouse,* denen durch das Aufstäuben von Wollstaub ein Relief verliehen wurde. Die Franzosen wurden im 18. Jahrhundert von einer wahren Anglomanie erfasst. Madame de Genlis äußerte sich entrüstet: »Die Damen tragen Roben nach der englischen Mode, Popeline, Moiré und Linon aus England, sie verkaufen ihre Diamanten, um kleine Metallperlen und englische Glaswaren zu kaufen. Die prachtvollen Wandteppiche von Gobelin werden eingelagert und durch blaue englische Tapeten ersetzt.«

Das Auftragsbuch des Händlers Lazare Duvaux gibt uns einen Eindruck von den Tapetenbestellungen ab 1748: die Gräfin de Maurepas bestellte Papier aus Indien; für die Garderobe

der Fürstin d'Enrichement wurde Mosaikpapier, für den Herzog de Bouillon Papier aus Indien und für die Fürstin de Rohan Papier mit Blumenmuster geliefert.

Im Jahre 1754 ordert die Marquise de Pompadour Velourstapete für die Garderobe ihres Badezimmers – sechs kleine Bahnen zu 32 Pfund mit Fracht und Anbringung – sowie für den Gang von ihren Gemächern zur Kapelle. Der begnadete Künstler Jean-Michel Papillon entwarf gegen 1759 herrliche Zeichnungen mit Feder und Tusche, die als Illustration des Kapitels über Tapeten in der *Enzyklopädie* von Diderot und d'Alembert gedacht waren. Sie zeigen, wie Künstler Stempel herstellen, die Farben vorbereiten, Blätter bedrucken, den Kleister erhitzen und schließlich auf Leitern klettern, um eine Nische zu tapezieren, Bordüren zu schaffen oder einen Kamin mit marmoriertem Papier zu verkleiden.

Jean-Baptiste Réveillon perfektioniert die Tapete, indem er ein Verfahren entwickelt, das es ermöglicht, ganze Rollen am Stück zu bedrucken. Die französischen Tapetenmanufakturen lösen schließlich die englischen an der Spitze ab. Nach dem üppigen Rokokostil, den die Marquise de Pompadour so liebte, treibt ausgerechnet ihr eigener Bruder François de Marigny als Verwalter der königlichen Bauten die klassische Bewegung voran.

Unter Réveillon schmücken sich nun die Wände mit Girlanden und Blumen und, beeinflusst von der römischen Antike und der Rückkehr zur klassischen Schlichtheit, entwirft er *dessins* von äußerster Finesse und Leichtigkeit. Er bedruckt Tapeten mit Arabesken unter Verwendung von mehr als vierzig Farben. Der Erfolg bringt Reichtum und Einfluss mit sich und so ersteht Réveillon im Pariser Faubourg Saint-Antoine ein Areal von zwei Hektar im »Industriegebiet« Folie Titon und baut ein Unternehmen mit über dreihundert Mitarbeitern auf.

Doch 1789 kommt es zum Aufstand der rund dreitausend Arbeiter von Saint-Antoine. Die königliche Leibgarde greift ein und es gibt ein Blutbad mit dreihundert Toten. Die Französische Revolution nimmt ihren Lauf.

Im 19. Jahrhundert erlebt die Tapete mit den großen Bildtapeten der Manufaktur Zuber, den täuschend echt wirkenden Darstellungen von Tüll, Spitzen, Karos, Samt oder architektonischen Elementen, eine Renaissance. Die Farben der Ornamente, Trauben und Sträuße leuchten um die Wette und Kaiserin Eugénie ist begeistert! Das goldene Zeitalter der Tapetenkunst hat begonnen.

Es fällt nicht schwer, die Sammelleidenschaft von André Mauny und seinem Sohn Patrice zu verstehen, wenn man einen Blick auf ihre Schätze wirft. Als die Manufaktur Mauny 1987 in die Gegend von Angers umgesiedelt werden sollte, stoßen die beiden in den Kellerräumen auf gestapelte Kisten, in denen lose unzählige alte Tapeten lagerten, abgenutzte Reste ebenso wie Bahnen in tadellosem Zustand. Die Sammlung aus den 1930er Jahren schlummerte seit mehr als einem halben Jahrhundert in den Kartons. Nun folgt eine Zeit mühsamer, penibler Arbeit: Die Muster werden ausgepackt, von Staub befreit und restauriert. Fragile, raffinierte Kunstschätze, manche opulent, manche zart, kommen ans Tageslicht. Mit 1300 Exponaten aus dem 18. und 19. Jahrhundert handelt es sich um die bedeutendste, vollständig erhaltene Sammlung unserer Zeit.

Zu den Meisterwerken der Kollektion Mauny gehören: Darstellungen von Blumen und Blattwerk aus dem 18. und 19. Jahrhundert; Deckenmotive mit Rosetten, Blütenranken auf gestreiftem Grund aus den 1780er Jahren; Südseemotive und Blumensträuße des ausgehenden 18. Jahrhunderts; bunte Blumen, Pflanzen vor einem Hintergrund aus Blattwerk in Grautönen und schließlich eine herrliche Tapete mit Blumensträußchen, Posamenten und drapierten, mit Fransen besetzten Girlanden (S. 122–129).

Le Mesnil

TOTAL: 3.109.000F
TORNADO 1939
PAR TOURBILLON ET ROSEOLA
PERFORMANCES
A 2 ANS
A 3 ANS
A 4 ANS
PRIX DARU 1ER 439.900
PRIX LUPIN 2E 160.000
PRIX DU JOCKEY CLUB 3E 100.000
PRIX DU GRAND PRIX DE PARIS 2E 40.000
PRIX DU BOIS ROUSSEL 2E 100.000
PRIX ROYAL OAK 2E 200.000
TOTAL: 2.027.900 F
né en 1947
par TORNADO et LOET
PERFORMANCES
RIALTO
SKY HIGH
né en 1943
par HYPERION et PYRAMID
PERFORMANCES
PLACE
PRIX
ALCANTARA II

Élisabeth Couturié – Die Grande Dame des Gestüts Le Mesnil

DIE LEBENSGESCHICHTE VON ÉLISABETH COUTURIÉ, GEBORENE RAOUL-DUVAL, IST EINE GESCHICHTE VON LIEBE UND LEIDENSCHAFT: NATÜRLICH STEHEN IHR MANN JEAN COUTURIÉ UND DIE BEIDEN TÖCHTER SYLVIA UND MARGUERITE IM MITTELPUNKT EBENSO WIE IHR HERRLICHES ANWESEN LE MESNIL, DOCH AUCH DIE LIEBE ZU GANZ BESONDEREN FREUNDEN, ZU WELTBERÜHMTEN RENNPFERDEN, FÜR DIE MENSCHEN AUS ALLER HERREN LÄNDER ANREISTEN.

Seiten 130/131
Die berühmte Jockeyjacke von Élisabeth Couturié hängt noch in der Sattelkammer.

Der Aufstieg von Le Mesnil beginnt vor dem Ersten Weltkrieg, als Jean Couturié noch Junggeselle ist. Aus purer Freude daran, die Pferde selbst zu trainieren und bei Turnieren unter Gentlemen zu reiten, züchtet er Halbblutpferde.

Im Jahre 1908 ist der Amerikaner William Chandler auf dem Weg in die Normandie und macht unweit von Le Mans, auf dem Anwesen Le Mesnil, Halt, um dort zu Mittag zu essen. Wie andere Amerikaner vor ihm, so Mr Vanderbilt oder Mr Widener, ist William Chandler auf der Suche nach einem Gestüt in Frankreich, um dort Pferde zu züchten und einen Rennstall zu gründen. Von den Fenstern des Esszimmers aus bewundert William Chandler die saftigen Wiesen, auf denen schwere normannische Milchkühe weiden. »Was gute Milch gibt, sorgt auch für gute Knochen«, denkt er laut vor seinem Gastgeber. Und schon folgt diesem Gedanken der nächste: »Warum noch weiter suchen? Bauen Sie mir einige Boxen und ich sende Ihnen ein Dutzend Stuten und meinen Zuchthengst Olympian.«

An diesem Tag nimmt die große Geschichte von Le Mesnil ihren Anfang. Mr Chandler lässt seine Zuchtstuten kommen und bald schon erblickt ein erstes Stutenfohlen das Tageslicht: Doch leider hat Grêlée ein schiefes Bein. Mr Chandler denkt bereits darüber nach, das Tier zum Schlachter zu bringen, als Jean Couturié, der das Fohlen ins Herz geschlossen hat, vorschlägt, es ihm abzukaufen. Der amerikanische Freund schenkt es ihm und so wird Grêlée die erste Zuchtstute auf Le Mesnil. Die Entscheidung sollte sich als richtig erweisen, denn auf sie und den großen Champion Rabelais gehen Rialto, der einen zweiten Platz im *Prix de l'Arc de Triomphe* auf der Rennbahn Paris Longchamp belegte, und Tahiti, die Siegerin im *Prix de Diane* in Chantilly wurde, zurück. Rialto und Tahiti waren die ersten in einer langen Reihe preisgekrönter Sieger.

Bei Ausbruch des Ersten Weltkrieges lässt sich Jean Couturié als Freiwilliger einziehen. In der Schlacht von Verdun werden ihm das Kriegsverdienstkreuz und die Tapferkeitsmedaille verliehen. Während des Krieges nehmen die Frauen den Platz ihrer an der Front kämpfenden Männer ein und verwalten das noch im Aufbau begriffene Gestüt. In der Nachkriegszeit werden dann die Stallungen und die Reitbahn angelegt –

Links
Am Eingang zu den Boxen der Zuchthengste erinnern gravierte Messingschilder an die Erfolge der Champions Tornado, Rialto, Right Royal.

es dauert nicht lange und Le Mesnil zählt zu den renommiertesten Gestüten Frankreichs.

1927 heiratet Jean Couturié die zwanzig Jahre jüngere Élisabeth Raoul-Duval, deren Vater Franzose und deren Mutter Amerikanerin ist. Wie lässt sich diese junge Frau beschreiben, deren Persönlichkeit das große Gestüt maßgeblich prägen sollte?

Am besten, wir erteilen ihr selbst das Wort:

»Mein Vater war einer der besten Polospieler Frankreichs. Er liebte den Sport, die Pferde und die Jagd und ging in die Vereinigten Staaten, um dort an Turnieren teilzunehmen. Während seines Aufenthalts in San Francisco lernte er meine Mutter, Beatrice Tobin, kennen: eine junge Amerikanerin irischen Ursprungs, das jüngste von zwölf Kindern.

Die schöne, hoch gewachsene Frau mit heller Haut und grünen Augen besaß einen unwiderstehlichen Charme und einen starken Willen. Charles verliebte sich in sie und die beiden heirateten 1898. Meine Mutter willigte ohne zu zögern ein, in Frankreich zu leben.«

Oben links
Étienne Pollet, der Trainer des Hengstes Right Royal, mit den Jockeys Roger Poincelet und Cortegiani bei den Rennen.

In der Bibliothek auf Le Mesnil stehen die *scrap-books,* die Élisabeths Mutter Beatrice noch in den USA führte, in die sie Zeitungsausschnitte, Fotografien, kleine Zeichnungen, Einladungen, Opernkarten und andere Souvenirs einklebte. Auf den Fotos erkennt man Beatrice in langen eleganten Kostümen mit ausladenden Hüten als Zuschauerin bei Poloturnieren oder Pferderennen in Begleitung schöner, junger Männer mit geölten Haaren und weißen Hosen. Die Bilder versetzen einen unwillkürlich in die Welt von Francis Scott Fitzgeralds *Der große Gatsby*.

Beim Blättern in diesen Tagebüchern stoßen wir auf das Jahr 1906 mit beeindruckenden Fotografien des Erdbebens und der schrecklichen Feuersbrunst, die die Stadt San Francisco verwüsteten. Da ihre Geburtsurkunde bei dieser Katastrophe vernichtet wurde, nahm sich Beatrice die Freiheit, von nun an ihr Alter einfach zu vergessen!

Im Ersten Weltkrieg kämpft Élisabeths Vater als Soldat in Frankreich, während seine Frau und die Kinder in Kalifornien auf ihn warten. Beatrice klebt die Telegramme, die er ihr als Lebenszeichen von der Front schickt, in die *scrap-books:* »Ich bin am Leben.« »Ich denke an dich.« Und immer steht darunter *Tendresses,* was so viel bedeutet wie »in tiefer Liebe«. Das wäre nicht weiter erwähnenswert, wenn es zu diesem Wörtchen, bei allem Ernst der damaligen Lage, nicht eine Anekdote gäbe. Beatrice geht regelmäßig in das kleine Postamt des Ortes, um die Telegramme abzuholen. Eines Tages wagt es die junge Postangestellte, sie darauf anzusprechen, wie »großzügig ihr Mann doch sei!« Beatrice ist perplex und das junge Mädchen fährt fort: »So großzügig! All die Kleider, die er Ihnen laufend schenkt!« Ein Moment der Ratlosigkeit folgt und plötzlich fällt es Beatrice wie Schuppen von den Augen: *Tendresses – ten dresses,* natürlich! Zehn Kleider mit jedem Telegramm zu versprechen zeugt in der Tat von Großzügigkeit!

Endlich erreicht sie eines Tages die lang ersehnte Nachricht, die wir jetzt hier in dem Album vor uns sehen: »Treffpunkt im Ritz zum Mittagessen, ich werde da sein!«
Die Tochter Élisabeth und ihr Mann Jean Couturié setzen das spannende Leben ihrer Eltern fort. Die junge Frau ist begeisterungsfähig, fröhlich und vor allem sehr sportlich. Sie spielt Tennis in der ersten Liga und zu ihren Partnern gehören die legendären »Vier Musketiere« sowie Suzanne Lenglen, die im Frauentennis Geschichte schreibt. Élisabeth erinnert sich: »Jean und ich hatten ein unglaublich intensives Leben. Da waren zum einen die Pferdezucht, dann die Galopprennen, die Besuche in Chantilly, die Rennen in Paris Longchamp und unsere zahlreichen Reisen ins Ausland, um die großen internationalen Gestüte zu besuchen. Zehn glückliche Jahre! Wir waren umgeben von Mitarbeitern, die unsere Leidenschaft teilten, die mit ihren Familien auf Le Mesnil lebten und mit denen wir die Freude über Siege und die Enttäuschung über Niederlagen teilten. Oft traten die Söhne in die Fußstapfen ihrer Väter.«
Der Zweite Weltkrieg bricht aus und die Deutschen beschlagnahmen das Anwesen. Élisabeth geht in die Résistance: Sie versteckt Fallschirmspringer der Alliierten und hilft ihnen, in die besatzungsfreie Zone zu gelangen. Für ihren Mut zeichnet man sie mit der Aufnahme in die Ehrenlegion und der Medaille der Résistance aus. Élisabeth führt während der Kriegs- und Nachkriegsjahre ein Tagebuch, in das sie u.a. Folgendes schreibt: »Am 7. August 1944 stehen vor der langen Allee im Park die Amerikaner. Es ist die Infanterie des Generals Patton mit ihren Panzern. Wir verteilen Essen und Getränke an die *weary, dirty, haggard men*. Vor allem bitten sie um Milch. Wir füllen Flasche um Flasche und halten sie den vorbeiziehenden Soldaten hin. Die Infanterie Pattons macht in den Wäldern von Le Mesnil Halt. Ich konnte mir eine so perfekte Organisation bisher gar nicht vorstellen. Die

Ganz oben
Eine Stute wird mit ihrem Fohlen aus der Box geführt.

Oben
An der Wand hängt das Reservezaumzeug.

Rechts
Detailaufnahme eines Sattels von Hermès.

Oben
Ein gelungener Schnappschuss: Charles de Malleissye-Melun springt mit seinem Pferd über eine gedeckte Tafel. (Saumur 1896)

Männer verehren den General Patton. Im Haus wird ein Lazarett eingerichtet, in dem vierhundert Mann und dreißig Offiziere drei Wochen lang unterkommen können.

Die Gegend um Le Mesnil wird zwei Wochen vor Paris befreit. Um die wiedererlangte Freiheit gebührend zu feiern, geben die Generäle der *American Air Force* im Schloss von Montfort bei unseren Nachbarn, den Nicolay, am 9. September 1944 einen großen Ball. Die Nicolay wenden ein, dass es auf Montfort nichts mehr gibt, kein Licht, keine Lebensmittel und keine Musik. Doch die Amerikaner zerstreuen die Bedenken: ›Machen Sie sich keine Sorgen. Wir bringen alles mit.‹ Und in der Tat wird für die Beleuchtung, das Buffet und ein Orchester gesorgt, ja sogar schwarze Trompeter finden sich ein! Es wird eine rauschende Ballnacht! Alle Franzosen, die das Glück hatten, die Befreiung 1944 in ihrem Heimatort und dann in Paris mitzuerleben, werden dieses Erlebnis immer als den prägendsten und ergreifendsten Moment ihres Lebens in Erinnerung behalten.«

Élisabeth Couturié überlebt Jean um 34 Jahre: »Leider ist mein Mann Jean, den der Zweite Weltkrieg all seine Kraft gekostet hat, 1948 mit 62 Jahren gestorben. Sein Mut, seine Höflichkeit, Güte und beispielhafte Geradlinigkeit werden uns immer in Erinnerung bleiben.«

Die Witwe zögerte keinen Moment, das wachsende, aufstrebende Unternehmen in seinem Sinne weiterzuführen. Bald schon stand ihr Bertrand de Tarragon, der Mann ihrer Tochter Marguerite, hilfreich zur Seite. »Ich ging ihr zur Hand und sie brachte mir alles über die Pferdezucht bei. Sie war mein Boss«, erzählt Bertrand mit Humor. »Jeden Morgen trat ich um sechs Uhr fünfzehn zum Appell an.«

Am 23. März 1958 wurde auf Le Mesnil ein außergewöhnliches Fohlen geboren; die Rede ist von Right Royal, einem der Cracks des Jahrhunderts! Der Hengst gewann 1960 im *Grand Criterium* (Longchamp), 1961 im *Prix du Jockey-Club* (Chantilly) und im *King George VI. and Queen Elisabeth Stakes* in Ascot. 1961 belegte er auch den zweiten Platz im *Prix de l'Arc de Triomphe* in Longchamp. Man kann sich Élisabeth Couturiés Freude ausmalen – sie hatte gewonnen! Am 26. Mai 1967 stattete niemand Geringeres als ihre Majestät Königin Elisabeth II. von England dem Gestüt Le Mesnil inkognito einen Besuch ab. Begleitet wurde sie von Lord und Lady Porchester, Richard Shelley, dem Leiter des königlichen Gestüts, und von ihrem Privatsekretär. Dies kam einem Ritterschlag für das Gestüt der Couturié gleich.

Mit dem Gewinn aus Right Royals Siegen sanierte die Hausherrin die Fassade und das undichte Dach des Schlosses. Élisabeth sollte den Hengst nie verkaufen. Sie lehnte selbst das Angebot eines Amerikaners ab, der ihr einen Blankoscheck bot. Als das Pferd 1973 starb, wurde es unter einer Weide auf dem Anwesen begraben. »Es war ein Pferd mit einem Herzen, das so groß war wie es selbst. Letztendlich verhält es sich mit den Pferden nicht viel anders als mit den Menschen. Das, was wirklich zählt, ist das Herz«, erklärte Élisabeth.

Unten
Die lange Allee des Anwesens: Hier heißt Élisabeth Couturié am 7. August 1944 die Infanterie des Generals Patton willkommen.

Oben
Im gelben Salon zeigt ein Gemälde des Malers Eugène Péchaubès den Sieg von Right Royal im Prix du Jockey Club im Jahre 1961.

Und Élisabeth Couturié hatte das Gestüt zu ihrer Herzensangelegenheit gemacht! »Ja, wenn man nochmals von vorne beginnen könnte, würde ich um die Gunst bitten, noch einmal dasselbe Leben leben zu dürfen.« Als sie im Juli 1982 stirbt, erweisen alle dieser außergewöhnlichen Frau mit Herz und Charme die letzte Ehre und man rühmt ihre Begeisterung und Natürlichkeit. Sie war immer sie selbst, ob sie nun die Königin von England, den Aga Khan, reiche amerikanische Gutsbesitzer, Praktikanten oder Jockeys mit ihrem breiten Lächeln begrüßte. Wenn die *Grande Dame* von Le Mesnil, gemütlich in einem alten Ledersessel sitzend, einem Gast zuhörte, vermittelte sie jedem das Gefühl, in diesem Moment für sie der wichtigste Mensch auf Erden zu sein.

1937

Madeleine & Elizabeth, the most interested spectators at the San Mateo Polo Tournament.
Schoolmaster in Medicine
HONOLULU

Vaughan & Fraser
116 Geary St
S.F.

Im grünen Salon hängen die Porträts von Élisabeth und ihrer Mutter Beatrice Raoul-Duval einander gegenüber (S. 139). In der Bibliothek stehen zwischen den Fotoalben die erinnerungsträchtige scrapbooks, die Beatrice in den ersten Jahren des 20. Jahrhunderts noch in den Vereinigten Staaten anlegte (S. 142–145). Die Wände des gelben Salons werden von den zahlreichen Bildern des Malers Eugène Péchaubès eingenommen (S. 146/147): Auf allen sind die glorreichen Siege der Champions des Gestüts dargestellt. In dem Park nach englischem Vorbild werden nahe den Treibhäusern die Rosenstöcke gepflegt (S. 148/149).
Seit Élisabeths Tod führen ihre beiden Töchter Sylvia Couturié und Marguerite de Tarragon und ihr Enkel Henri Devin das Gestüt. Le Mesnil gehört auch heute noch zu den ersten Gestüten Frankreichs und macht seinen Gründern alle Ehre.

Meautry

Kindheitserinnerungen an Meautry von Guy de Rothschild

EIN REIZENDER KLEINER RENAISSANCE-LANDSITZ INMITTEN VON FELDERN, EIN SALON MIT EINER KLEINEN KÖNIGIN, DIE IM SCHLAF LÄCHELT, ÜPPIG BLÜHENDE ROSENRANKEN AN DER FACHWERKFASSADE, DIE AUSGELASSENHEIT DER HERUMTOLLENDEN FOHLEN, DIE DREI SCHAFE VON FRANÇOIS-XAVIER LALANNE, DIE UNS AM GROSSEN TOR BEGRÜSSEN, UND DER SCHELMISCHE BLICK UNSERES GASTGEBERS, GUY DE ROTHSCHILD! AUF MEAUTRY IN DER NORMANDIE HERRSCHT EINE FRÖHLICHE, LEBHAFTE ATMOSPHÄRE, UND DER HAUSHERR ERZÄHLT UNS MIT FREUDE DIE GESCHICHTE SEINES ANWESENS.

Guy de Rothschilds etwas versteckt liegender Landsitz Meautry, fernab von Pomp und Lärm, ist der Familie und den Freunden vorbehalten. Er ist sein ganz persönliches Refugium, das ihm schon in Kindertagen ans Herz gewachsen ist, als er mit seinem Vater, Baron Édouard, hier die Fohlen besuchte.

Doch es gab Zeiten, da war das Haus fast in Vergessenheit geraten, ja sogar heruntergekommen und einsturzgefährdet. Die Herzöge der Normandie, deren Köpfe im Profil den Deckenfries des heutigen großen Salons zieren, waren zutiefst bekümmert über so viel Gleichgültigkeit. Guy de Rothschild erzählt, welchen Eindruck Meautry wohl zu Beginn des 20. Jahrhunderts auf einen Besucher gemacht hätte:

»Im Jahre 1902 wäre einem Neugierigen zunächst nur eine riesige, von einer Mauer begrenzte Weidefläche aufgefallen, nicht weit von der Ortsausfahrt von Touques, vier Kilometer von Trouville entfernt. Ein großes Tor aus hellem Holz versperrt den Weg, doch es lässt sich mühelos aufstoßen und dank einer ausgeklügelten Mechanik mit Gewichten, Seilen und Rollen schließt es sich sogleich wieder hinter dem Eintretenden. Etwa fünfzig Meter von ihm entfernt erhebt sich ein Haus, das in den ausgedehnten Wiesen einen einsamen und verlassenen Eindruck macht; nicht einmal ein Pfad führt zu dem Anwesen. Neugierig bahnt sich der Besucher einen Weg zu dem kleinen Gebäude und bemerkt nicht, dass das feuchte Gras seine Hose durchweicht.«

Oben
Eine Allee aus gestutzten Linden, gestaltet von dem berühmten Landschaftsarchitekten Russell Page, führt zu dem Renaissance-Landsitz.

Seiten 150/151
Nicht weit von den Birken entfernt stehen die Schafe des Bildhauers François-Xavier Lalanne.

Jemand ist auf den Suchenden aufmerksam geworden und kommt ihm entgegen, beantwortet seine Fragen: »Seit mehr als vierzig Jahren ist das hier kein einfacher Bauernhof mehr, sondern das Gestüt von Meautry, wo wir eine Vollblutzucht betreiben. Die Rinder, die Sie sehen, sollen nur die Qualität der Weideflächen verbessern, denn sie tun den Wiesen gut im Gegensatz zu den Pferden, die sie kaputt machen. Wir sind sehr stolz auf unsere Zuchterfolge: Roi-Soleil beispielsweise hat vor einigen Jahren den *Grand Prix de Paris* gewonnen.« Der Besucher ist in die Betrachtung des Hauses versunken. »Ja, Sie haben recht gesehen, das Gebäude stammt aus der Renaissance, aber die Innenräume sind in einem traurigen Zustand! Die Holzböden geben nach und die Räume sind nur durch halbhohe Wände getrennt. Im Stehen kann ein großer Mann über sie hinweg in das Nebenzimmer sehen.«

Der Herr, der dem Fragenden Rede und Antwort steht, ist der Tierarzt des Gestüts. Er ist flämischen Ursprungs, hat eine kräftige Gesichtsfarbe und scheint das Leben eher von seiner schönen Seite zu nehmen. Seine therapeutischen Methoden entsprechen seinem Erscheinungsbild: Welche Krankheit oder Verletzung ein Pferd auch haben mag, er weigert sich strikt, sich über die Gesetze der Natur hinwegzusetzen. Denn er ist überzeugt, dass diese Tiere, die zäh genug sind, die härtesten sportlichen Herausforderungen zu meistern, immer durchkommen werden, wenn sie über eine eiserne Konstitution verfügen. Den anderen ist jedoch Erfolglosigkeit beschieden, denn ihre Gesundheit wird ihrer Bestimmung nicht gerecht.

Im Sommer des Jahres 1913 spielen einige kleine Kinder unter den wachsamen Augen eines englischen Kindermädchens am Strand von Trouville. Und wie jeden Tag zur heiligen Teestunde gibt es wohl oder übel das fade *bread and butter* zu essen. Eines der Kinder träumt mit offenem Mund vor sich hin und bemerkt erst, als es zu spät ist, dass sich eine Wespe auf seinem Brot niedergelassen hat. Ein stechender Schmerz lässt den kleinen Jungen aufschreien. Glücklicherweise hat ihn die Wespe nur in die Zunge gestochen. »Der kleine Junge in diesem Drama war ich«, erzählt Guy de Rothschild. »Meine Mutter eilte herbei und zog mich rasch mit sich fort: ›Komm, wir gehen uns die Pferde auf Meautry anschauen‹, lenkte sie mich ab. Da also lernte ich Meautry kennen! Wenn ich heute zurückdenke, ist eine meiner frühesten Kindheitserinnerungen das Hufgeklapper eines galoppierenden Pferdes. Ich sehe mich da wieder als ganz kleinen Jungen. Der Anblick eines Stallknechts, der mit der einen Hand eine Stute führt und mit der anderen ein Fohlen, ist mir vertrauter als der des ersten Teddybären.

Mein Großvater Alphonse de Rothschild war es, der die Ländereien bei Trouville Ende des 19. Jahrhunderts erwarb und die großen Gebäude des Gestüts errichten ließ, die heute noch hier stehen. Mein Vater war im August zur Saison der Pferderennen und Auktionen immer in Deauville. Er war ein Pferdenarr und züchtete bereits in seiner Jugend, doch seine größten Erfolge konnte er vor allem in den zehn Jahren vor Ausbruch des Zweiten Weltkrieges verzeichnen.

Im Jahre 1931 erblickte ein rotbraunes Fohlen das Licht der Welt, das die Triumphe von Roi-Soleil in den Schatten stellen sollte. Die Rede ist von Brantôme, dem bis heute besten Pferd, das jemals auf Meautry gezüchtet wurde. Brantôme war unbesiegbar und gewann den legendären *Prix de l'Arc de Triomphe*. Mein Vater, der dieses Pferd über alles liebte, pflegte zu sagen: ›Ich bin nur ein Baron, aber er ist ein Prinz.‹ Bei der Ankunft der Deutschen im Jahre 1940 schienen die Tage unseres Gestüts gezählt. Alle Pferde, einschließlich Brantôme, wurden nach Deutschland gebracht, um nicht zu sagen ›deportiert‹. Der Pferdetrainer meines Vaters wiederholte ein um das andere Mal: ›Ich konnte noch so oft beteuern, dass die Pferde nicht jüdisch sind. Es hat nichts geholfen.‹ Doch Brantôme hatte die Seele eines Widerstandskämpfers, denn in Deutschland konnte man keine nennenswerten Zuchterfolge mit ihm verzeichnen. Sobald er aber wieder zurück auf Meautry war, sorgte er noch für zahlreiche wertvolle Nachkommen. An seinem Todestag lautete die Schlagzeile einer Sportzeitung: ›Brantôme de Rothschild ist tot!‹

Nachdem meine Frau Marie-Hélène und ich den Landsitz mit den zwei Gesichtern – eine Fassade mit Fachwerk, die andere aus grauem altem Stein – voll-

ständig saniert hatten, verbrachten wir den August 1959 während der Saison in Deauville auf Meautry.
Im Laufe der Jahre wurden die dem Herrenhaus am nächsten gelegenen Boxen, ein Heuschober und ein kleines Gehöft, in Gästezimmer umgewandelt. Und schließlich wurden das Esszimmer und die Küche zu eng für die vielen Menschen und es musste ein Flügel angebaut werden – ein ewiges Dilemma. Der Landsitz wurde zusehends größer und der Landschaftsarchitekt Russell Page entwarf die Gartenanlage. Ein schönes, aber heruntergekommenes Haus ist das herrlichste Spielzeug, das man sich wünschen kann. Seit unserem ersten Aufenthalt hier sind 43 Jahre vergangen. Marie-Hélène ist gestorben, aber ich spiele weiter; ich verändere, verbessere, baue an, ersetze, entwerfe, schneide zurecht, pflanze um und suche – und das wird auch so weitergehen. Ich wollte einen geheimen Garten für die Nachmittagssonne, weiße Hortensien im Juli, Buchen, Linden, die Schafe des Künstlers François-Xavier Lalanne.
Ich wache über dieses Haus wie ein Vater. Ich fühle mich hier wirklich daheim. Es gefällt mir, es mit Leben zu erfüllen und Verwandte und Freunde hier zu empfangen. Für den Sommer ist das Haus bereits vollkommen ausgebucht. Ende Juli ist nicht einmal mehr Platz für eine Fliege! Das Schloss Ferrières ist für meine Schwestern und mich der nostalgische Ort unserer Kindheit. Meautry dagegen ist mehr, es steht für die frische, lebendige Gegenwart, hier habe ich noch so viel zu tun!«
Glück schwingt mit, wenn Guy de Rothschild von Meautry spricht. Wenn Jugend gleichbedeutend damit ist, Pläne zu haben, viele Pläne, dann ist Guy de Rothschild zweifelsohne noch sehr jung! Und seine ganz eigene, zwanglose Art und Weise, mit Humor über Banalitäten wie über ernste Angelegenheiten zu sprechen, ist ein sehr britischer Charakterzug, den er wohl von seiner englischen Großmutter geerbt hat. Er nimmt sich selbst nicht zu ernst und einer seiner humorvollen Kommentare lautet: »Wissen Sie, von nahem betrachtet sind die Rothschilds, ähnlich wie Polizeibeamte, ganz anständige Leute!« Der Sinn für Bescheidenheit und Natürlichkeit, der seiner Mutter bei der Erziehung so wichtig war, ist ihm nie verloren gegangen. Sie legte Wert darauf, dass sie weder angeberisch noch eingebildet auftraten, und erklärte immer wieder: »Man muss sich dafür vergeben lassen, dass man mehr hat als die anderen.«

Baron und Baronin Guy de Rothschild bei einem Pferderennen.

Manoir de Meautry
14800 Touques
Tel.(31).88.05.37

Links
Im Anrichtezimmer steht ein Korb mit weißen Handschuhen.

Auf Meautry spazieren drei Schafe über die Wiese unter den Birken (S. 150), und eine gestutzte Lindenallee führt bis zu dem Renaissance-Landsitz (S. 153). Im Salon mit den unverputzten Steinwänden und dem Mobiliar im Stil Ludwigs XIII. bewundern wir die reizende italienische Statue einer kleinen, schlafenden Königin und auch vier große Dachverzierungen, die das Glasdach auf Schloss Ferrière schmückten (S. 158/159). Im einstigen Zimmer von Marie-Hélène steht ein Strauß Pierre-de-Ronsard-Rosen auf dem Tisch mit den Intarsien aus hellem Holz, Bein und Elfenbein (S. 162–163). Überall zeugen Kleinigkeiten wie Dosen mit Strohintarsien, Gegenstände aus Elfenbein, Silber oder Kristall, bestickte Wäsche von ihrer Vorliebe für raffinierte Eleganz (S. 165). In der Küche glänzen nummerierte Kasserollen aus Kupfer mit den eingravierten Initialen ihres Eigentümers (S. 167). Sie stammen noch aus Schloss Ferrières und werden bis heute von dem jeweiligen Küchenchef benutzt.

Rechts
Der Küchentrakt auf Schloss Ferrières
Da von Küchen nicht immer nur angenehme Gerüche ausgehen, kam man auf den Gedanken, den Küchentrakt auszulagern. Das heißt, er wurde nicht nur in den entferntesten Flügel des Schlosses verbannt – weit gefehlt! Man hatte ihn schlicht und ergreifend weit – ungefähr hundert Meter – vom Schloss entfernt gebaut! Er war regelrecht »in die Erde eingegraben«! Diese unterirdische Befehlszentrale, die aus mehreren Räumen bestand, war durch einen Tunnel mit den Anrichtezimmern des Schlosses verbunden. In ihm transportierte ein kleiner, kugelgelagerter Zug das Essen auf Schienen. Kleine Flammen unter den Platten sorgten dafür, dass die Speisen nicht abkühlten. Der Tunnel war einer unserer Lieblingsspielplätze. Wir halfen, den kleinen Zug mit den schweren Waggons zu schieben und manchmal kletterten wir zwischen zwei Ladungen Geschirr selbst hinein.
(Guy de Rothschild, *Geld ist nicht alles*)

105
J. DE R.
16
P
J. DE .R.
FERRIÈRES.
10
A. DE R.

Galleville

SCHLOSS GALLEVILLE

Links
Das Lächeln der Baronin d'Etchegoyen.

WIE EINEM PHÖNIX, DER IMMER WIEDER AUS DER ASCHE AUFERSTEHT, WAREN GALLEVILLE, DANK DER TATKRAFT UND DER LIEBE DER MENSCHEN, DIE DAS ANWESEN FÜR SICH ENTDECKT HABEN, MEHRERE LEBEN BESCHERT. DENN SCHON BALD NACH SEINER ENTSTEHUNG GEGEN ENDE DES 17. JAHRHUNDERTS WURDE DER BESITZ WIEDER AUFGEGEBEN UND SOLLTE ZWEIHUNDERT JAHRE UNBEWOHNT BLEIBEN. HEUTE ZÄHLT ER ZU DEN SCHÖNSTEN SCHLÖSSERN DER NORMANDIE.

Pierre Roque de Varengeville, Berater Ludwigs XIV. und sein Botschafter in Venedig, gab im ausgehenden 17. Jahrhundert den Auftrag zum Bau von Galleville. Die jüngere seiner beiden Töchter, Jeanne Angélique, die der Herzog de Saint-Simon als eine der schönsten Frauen der Normandie beschrieb, erhielt das Anwesen im Jahre 1702 als Mitgift. Sie heiratete den Herzog de Villars, der als Marschall von Frankreich durch seine Brillanz und sein Talent als Feldherr berühmt werden sollte.

Doch ihrem Gatten liegt das normannische Schloss zu weit von Versailles und von seinem König entfernt und so erwirbt er im Jahre 1705 einen Wohnsitz, der ihm passender erscheint, das berühmte Schloss Vaux-le-Vicomte. Der Herzog de Villars liebt sein »Haus nahe Paris«, wie er es nennt, und auch den Prunk, doch in seinen Memoiren beklagt er sich, dass ihn all die Kaskaden und Springbrunnen zu viel kosten. Villars ist Soldat mit Leib und Seele und seine Laufbahn kommt einer Aneinanderreihung von Siegen gleich. Ludwig XIV., der ihn sehr schätzt, betraut ihn mit zahlreichen wichtigen diplomatischen Missionen. Nach dem Friedensvertrag von Rastatt am 6. März 1714 und dem Tod Ludwigs XIV. wird der Marschall 1715 zum Präsidenten des Kriegsrates ernannt. Nach seinem Tod hält sich Jeanne Angélique einige Zeit auf Galleville auf. Jedoch ist ihr Sohn aus einem anderen Holz geschnitzt als der Vater: Er führt ein ausschweifendes Leben, verschuldet sich und verkauft 1760 schließlich den mütterlichen Besitz. Das schöne Schloss wechselt mehrmals den Besitzer und bleibt wieder unbewohnt – es wird vernachlässigt, ist Wind und Wetter ausgesetzt und verfällt.

Erst 1885 erwacht Galleville zu neuem Leben, als nämlich Isaure de Montault, die Frau des Grafen Mniszech, beschließt, das Schloss instand zu setzen. Der Graf polnischer Abstammung ist Oberstkämmerer des Kaisers Franz Joseph I. von Österreich und seine Frau Hofdame der Kaiserin Sisi. Die Wintermonate verbringen sie in Wien. In Galleville finden sich alte Fotografien, die Graf Mniszech in Uniform oder auf der Jagd zeigen und seine Frau in einem atemberaubenden Renaissancekleid, das sie zu Ehren des siebzigsten Geburtstages des Kaisers auf einem Kostümball in der Wiener Hofburg trug.

Die Mniszechs lieben Galleville und investieren in die Renovierung des Daches, der Park- und Gartenanlagen. Jedes Jahr verbringen sie mehrere Monate auf

Oben
Der lange Gang mit den Glastüren im ersten Stockwerk.

Seiten 168/169
Eine Detailansicht der blauen Tapete in einem der Zimmer. Die englischen Velourstapeten waren im 18. Jahrhundert sehr in Mode.

dem Schlösschen. Da sie kinderlos sind, fällt es nach ihrem Tod dem Baron d'Etchegoyen, ihrem Neffen, zu.
Auch der Baron d'Etchegoyen schließt das Anwesen in sein Herz und setzt die Instandsetzung fort. In den 1930er Jahren lässt er von dem berühmten Landschaftsarchitekten Achille Duchesne, dessen Vater bereits die Gärten des Schlosses Vaux-le-Vicomte neu gestaltete, einen Entwurf für den Park anfertigen und neue Anpflanzungen vornehmen.
Während des Zweiten Weltkrieges wird Galleville von deutschen Truppen besetzt. Und dann kommt es eines Nachts im Jahre 1943 zu jener Brandkatastrophe, bei der ein Drittel des Schlosses zerstört wird. Das Dach ist abgebrannt, die Holzvertäfelungen und Parkettböden sind vernichtet – es stehen nur noch die Mauern. Doch nach dem Ende des Krieges wird der Wiederaufbau in Angriff genommen. Acht Jahre lang renovieren Baron und Baronin d'Etchegoyen den großen Besitz und Galleville erhebt sich erneut wie ein Phönix aus der Asche. Nach dem Tod des Baron d'Etchegoyen im Jahre 1981 geht das Schloss an seine Neffen Pracomtal, die es wiederum an Aliette und Robert Gillet vererben.
Nach vielen Jahren im diplomatischen Dienst beginnt für beide jetzt ein neuer Lebensabschnitt. Sie entdecken ihre

Oben und links
Drei Porträts des Grafen Mniszech: im vornehmen Anzug, im traditionellen Gewand und in Jagdkleidung.

Links
Baron d'Etchegoyen, von der Familie liebevoll »Onkel Toto« genannt, hat Galleville entscheidend geprägt.

Liebe zur Natur, den Bäumen, dem Landleben und der Landwirtschaft. Mit Hilfe des Landschaftsarchitekten Louis Benech gestalten sie den Gemüsegarten und den Park neu. Es wird eine herrliche doppelte Hecke aus gestutzten Linden und Buchen gepflanzt, vor der ein lang gestreckter, grüner Rasenteppich liegt, der sich zu der Landschaft und den wunderschönen hohen Linden und Buchen hin öffnet.

Von den Fenstern des Erdgeschosses und des ersten Stockwerks aus blickt man auf die ruhige, wohldurchdachte Parkanlage, die harmonisch und perfekt zugleich wirkt und von der, inmitten der ländlichen Umgebung, eine erhabene Pracht ausgeht. Zwischen den sorgfältig gestutzten Hecken erblickt man auf den nahe gelegenen Weiden friedlich grasende Kühe.

Der Gemüsegarten spiegelt ebenfalls das unablässige Streben nach Perfektion und Harmonie der Hausherren Aliette und Robert Gillet wider: Sie haben auch um den Garten eine Buchenhecke angelegt, in die eine Reihe von Toren als Zugänge geschnitten wurden, und jedes Karree wurde so bepflanzt, dass es in einer anderen dominanten Farbe leuchtet.

Natürlich sind die Beete nicht nur ein visueller Genuss und bei einem Mittagessen auf Galleville gehört frisch geerntetes Gemüse wie zarte grüne Erbsen ganz selbstverständlich zum Menü. Mit Hilfe von Marie-Françoise verarbeitet Aliette sämtliches Obst und Gemüse aus eigenem Anbau: Artischocken, Sauerampfer, Fenchel, Spargel, Kohl, Mangold, unterschiedliche Kürbissorten, Möhrchen und grüne Bohnen begleiten und verfeinern Rehkeule, Pastete vom Fasan oder Wildschwein, gebratene Schnepfen, Eintöpfe und kräftige Suppen. Und dann erst die Desserts! Warmer Aprikosenkuchen mit Crème fraîche, köstliches Kompott aus Kürbis, Aprikose, Zitrone, Birne oder Rhabarber … Und natürlich stehen in der Speisekammer auch die unterschiedlichsten Fruchtgelees und Konfitüren.

Während Aliette Gillet durch den blühenden Garten schlendert und einige Rosen für die Vase schneidet, erklärt sie uns, dass die Gärtnerleidenschaft ihr hilft, jung zu bleiben. Es gibt immer etwas zu tun, man muss das Wachstum und die Gesundheit der Pflanzen überwachen, sie hegen und pflegen, feststellen, ob sie glücklich sind und nicht etwa von zu aufdringlichen »Nachbarn« überwuchert und erstickt werden. Oft will man nur schnell ein paar Minuten in den Garten gehen und werkelt dann drei Stunden später immer noch inmitten der Blumen, Pflanzen und Sträucher herum.

Viele Schlösser in Frankreich und in anderen Ländern zeigen, dass aus Begeisterung, Mut und Liebe große Schönheit entstehen kann. Galleville im Herzen des Pays de Caux in der Normandie ist ein großartiges Beispiel dafür.

Die Urne auf dem Sockel ist ein hübscher Blickfang am Ende der langen Lindenallee.

EDITH WHARTON

Im großen Salon aus der Epoche der Regentschaft erinnern Fotografien an die verschiedenen »Retter« des Anwesens: Baron und Baronin d'Etchegoyen sind ebenso zu sehen wie unsere attraktive Gastgeberin, Aliette Gillet, mit ihrer noch kleinen Tochter (S. 176). In einem blassblauen Samtrahmen erkennt man die Gräfin Mniszech, Hofdame der Kaiserin Sisi, in einem Kleid für den Kostümball in der Wiener Hofburg im Jahre 1900 (S. 179). Das Zimmer im Stil Ludwigs XV. beherrscht ein mächtiger Alkoven (S. 180/181). Eine Schatulle mit weißen Wildlederplatten, auf die Nummern geschrieben sind, erregt unsere Aufmerksamkeit: Sie enthält eine ansehnliche Sammlung von alten Knöpfen, deren Schmuckstein man passend zu den Farben der Kleidung auswechseln konnte (S. 182). Den Park, von Achille Duchesne entworfen, gestalteten Robert und Aliette Gillet um. In die herrliche doppelte Hecke aus Buchen und gestutzten Linden wurden überdimensionale »grüne Tore« geschnitten – wie geschaffen, um dazwischen Verstecken zu spielen (S. 173–175).
Nach all den Jahren der Vernachlässigung ist Galleville heute ein Inbegriff von Schönheit und Harmonie.

Speicher und Dachböden – ein Reich für Träume

AUF EINEM DACHBODEN DÜRFEN VERGANGENE ZEITEN WEITERLEBEN. MAN MEINT DAS GEMURMEL, DAS GERASCHEL UND DIE GEDÄMPFTEN SCHRITTE ALL DERER ZU HÖREN, DIE IHRE SPUREN IN DEM HAUS HINTERLASSEN HABEN. NUR DIESE GEHEIMNISVOLLEN SPEICHER, DIE MANCHMAL WIRKEN, ALS SEIEN SIE VÖLLIG IN VERGESSENHEIT GERATEN, KÖNNEN SO INTENSIVE ERINNERUNGEN WACHRUFEN – SIE MACHEN DIE MAGISCHE BEGEGNUNG MIT DER VERGANGENHEIT MÖGLICH.

In den vielen, mit der Zeit angesammelten Schichten ruht das Gedächtnis des Hauses. Wir spüren die Anwesenheit der Vorfahren, lauschen ihren vertraulichen Bekenntnissen, lassen die Gegenstände erzählen. Manche Stücke wie der rote Samtsessel, das Konsolentischchen, Spiegel oder Vorhänge scheinen hier gestrandet zu sein. Anderen Objekten haben die Jahre auf wundersame Weise nichts anhaben können, sie wirken geliebt und beschützt, sie sind unvergänglich schön.

Doch Zeit spielt in diesem Reich keine Rolle, wir befinden uns an einem Ort, wo die Erinnerungen wohnen. Auf Zehenspitzen betreten wir ihn, neugierig und etwas unsicher; ganz leicht streichen wir mit den Fingern über diese empfindlichen Zeitzeugen, in der Hoffnung, ihr Geheimnis zu ergründen. Und ganz sachte erwachen sie bei Licht zu neuem Leben.

GRANDE
MAISON
DE BLANC
PARIS
L.G.

La Miche de Pain
Catéchisme illustré
Vingt mille Lieues
MAME

HOFFMANNS
EXIGEZ
TOUJOURS
LA MARQUE
DU
CHAT
No.1 RICE-STARCH
HOFFMANN.

Unter dem mächtigen Dachstuhl hat der Zufall die unterschiedlichsten Zeitzeugen zusammengeführt: einen alten, mit Stapeln bunter Stoffe gefüllten Schrank, das vergoldete Konsolentischchen aus der Epoche Ludwigs XV., Geigenkästen, ausgediente Spiegel und die Fahnen, die anlässlich der Befreiung Frankreichs durch die Alliierten geschwenkt wurden (S. 184/185). *Anderenorts ist dreißig Meter über dem Burggraben, in dem runden Turmzimmer mit den grauen Balken, eine geräumige Wäschekammer untergebracht: ein Paradies der weißen Spitzen und Leinenwäsche. Hier stehen große Bügeltische und Truhen, in denen sich Laken, Plumeaus, Bänder, glänzende Vorhemden, plissierte Hemden mit Monogramm und bestickte Vorhänge aus Organdy stapeln* (S. 186/187). *Entlang den langen Korridoren stehen die Schränke mit den Spielsachen: Puppenhäuser und Puppenwagen, Teddybären, Romane von Jules Vernes und das Buch* La Miche de Pain *für den Religionsunterricht sowie alte Holzkistchen* (S. 188). *In einem weiteren Raum balanciert auf einer vornehmen Badewanne mit Löwenpranken ein gefährlich wackeliger Stapel altmodischer Reisekoffer* (S. 189). *Aus den blauen Wandschränken kommen Kleider zum Vorschein, wie Watteau sie gemalt haben könnte, Gehröcke im Directoire-Stil und zierliche gelackte Tanzschuhe, die in schützendes Seidenpapier gehüllt sind* (S. 190/191).

»Er streckte den Arm aus, zündete eine Kerze an, hob dann den Deckel hoch und bückte sich, um hineinzusehen. Es waren Kostüme für junge Leute von ehedem, Gehröcke mit hohem Samtkragen, elegante, weit ausgeschnittene Westen, endlos lange weiße Halsbinden und Lackschuhe vom Anfang des Jahrhunderts.«
(Henri Alain-Fournier, *Der große Meaulnes*)

INHALT

Mein herzlicher Dank geht an die Eigentümer der vorgestellten Anwesen, die so freundlich und großzügig waren, uns ihre Türen zu öffnen, und die mit ihrer Begeisterung und Beharrlichkeit zeigen, dass in den Familiensitzen Leben herrscht und Zukunftspläne geschmiedet werden. Ich bedanke mich bei France Anthonioz, Béatrice de Tressan und Barbara de Nicolay für ihre so wertvolle Unterstützung sowie bei meinem Mann Jean-Pierre und meinen Kindern Jean-Édouard, Anne-Claire und Charles für ihre Geduld.
Außerdem möchte ich nicht versäumen, Sophie de Jouffroy Gonsans, Carole Toumieux, Patrice Mauny, Olivier Biosse Duplan, Daly Jourdan-Barry, Hervé Droulers und Madame Hardy für ihre Freundlichkeit zu danken.

Christiane de Nicolay-Mazery

Bibliografische Informationen Der Deutschen Bibliothek
Die deutsche Bibliothek verzeichnet diese Publikation in der Deutschen Nationalbibliografie; detaillierte bibliografische Daten sind im Internet über *http://dnb.ddb.de* abrufbar.

Aus dem Französischen von Eva Plorin
Die Übersetzung aus Guy de Rothschilds Autobiografie *Geld ist nicht alles* stammt ebenfalls von Eva Plorin.

Die Originalausgabe erschien unter dem Titel *Maisons de famille. Le temps retrouvé* 2002 bei Éditions du Chêne – Hachette Livre, Paris
Text von Christiane de Nicolay-Mazery
Fotos von Bernard Touillon

Satz: Fotosatz Ressemann, Hochstadt
Printed in France by Pollina s.a. - n° L90230
ISBN 3-8067-2921-2